101 momentos extraños de la historia de la humanidad

Índice de contenidos

Introducción

¿Le interesan las fascinantes rarezas de la historia de la humanidad? ¿Le atraen los relatos que desafían cualquier explicación, ponen en tela de juicio la sabiduría convencional y le dejan totalmente atónito? Si está asintiendo con la cabeza, tiene suerte, porque *101 momentos extraños de la historia de la humanidad* le llevará en un extraordinario viaje a través del tiempo.

En un mundo lleno de libros de historia que suelen ahondar en fechas, genealogías interminables e intrincadas maniobras políticas, *101 momentos extraños de la historia de la humanidad* es un soplo de aire fresco. No se trata de memorizar una lista de monarcas ni de recitar interminables batallas. Se trata de profundizar en los episodios extraños, inesperados y francamente curiosos que han dado forma a este mundo.

Lo que diferencia a este libro de otros del género es su accesibilidad. Está pensado para cualquiera que sienta curiosidad por la historia, desde el aficionado más experto hasta el más novato. Explica acontecimientos históricos complejos en narraciones atractivas y fáciles de entender.

Impresione a sus amigos en las cenas con historias de las proezas de la Edad de Piedra que desafían cualquier creencia o deléitelos con relatos del lado secreto de los antiguos egipcios que dejarían atónitos incluso a los mejores egiptólogos. Con *101 momentos extraños de la historia de la humanidad*, será el alma de la fiesta, armado con relatos asombrosos de los anales de la historia.

Pero la cosa no acaba ahí. Este libro no es solo una lectura pasiva, sino una exploración activa. Además de las atractivas narraciones, descubrirá métodos prácticos e instrucciones para profundizar aún más en estos sucesos extraños y maravillosos. Podrá ponerse en la piel de personajes históricos y experimentar su mundo de primera mano, ya sea a través de extraños rituales, peculiares inventos o extravagantes costumbres.

Imagínese viajar en el tiempo hasta la época del Imperio romano, donde podrá descifrar los muros llenos de grafitis de Pompeya o aprender los trucos del oficio de gladiador. O póngase en la piel de un inventor de la época victoriana y juegue con artilugios de vapor que lo dejarán asombrado. A medida que explore el mundo de estos inventores, descubrirá que sus creaciones no solo eran maravillas de la ingeniería, sino también reflejos del espíritu de innovación de la época. Es un viaje que lo inspirará y asombrará por la creatividad sin límites del pasado.

101 momentos extraños de la historia de la humanidad es un boleto de entrada a un mundo de rarezas, una máquina del tiempo que lo transporta a épocas encantadoras. Es la puerta de entrada al descubrimiento de historias extraordinarias, asombrosas y francamente curiosas que han dado forma a este mundo.

Así que, si está listo para ser transportado a un mundo donde lo inusual es la norma, donde la historia es cualquier cosa menos árida y donde aprender es agradable y esclarecedor, este libro es para usted. Embárquese en una extraordinaria aventura que le hará apreciar lo extraño. ¡Esta gran aventura histórica le espera!

Capítulo 1: Proezas de la Edad de Piedra (2.500.000-10.000 a. C.)

La Edad de Piedra está llena de rarezas absolutamente increíbles. Este periodo de desarrollo humano es el más largo de la historia y, sin embargo, se sabe muy poco de él debido a los escasos registros de la época. Es fácil imaginar la Edad de Piedra como un peldaño hacia la civilización, pero cuanto más descubren los científicos, más evidente resulta que los pueblos de este periodo tenían sociedades complejas con una comprensión filosófica y espiritual de la existencia. Teniendo en cuenta lo larga que fue la Edad de Piedra, tiene sentido que su estudio revele acontecimientos alucinantes y profundamente impregnados de misterio. Además, hay detalles cautivadores que revelan los pasos que siguió la humanidad para llegar a la sociedad civilizada, interconectada y global que existe hoy.

Al sumergirse en la Edad de Piedra, podrá echar un vistazo al pasado que dio forma evolutiva a gran parte del comportamiento humano hasta la era moderna. Los seres humanos somos raros porque nuestros antepasados de la Edad de Piedra eran, de hecho, raros. Así que, si busca alguien a quien culpar, busque unos dos millones de años atrás. Los antiguos humanos eran un grupo fascinante, desde sus obras de arte hasta sus religiones, el género e incluso el canibalismo. Explore las bases de las rarezas modernas y descubra lo mucho y lo poco que han cambiado las personas a lo largo de miles de años. Vea qué hacía el animal más inteligente del planeta antes de que la revolución agraria e industrial dieran a la humanidad la tecnología necesaria para construir civilizaciones. En las manos de pequeños grupos tribales tuvieron lugar algunos de los avances más locos y sorprendentes.

1. Pinturas rupestres en Trois-Frères, Francia

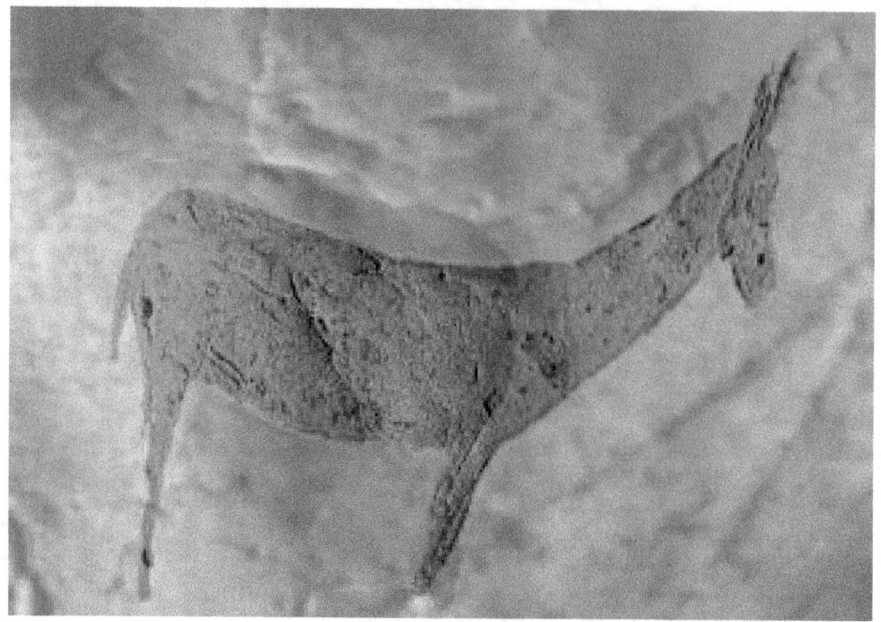

Pintura en la cueva de Trois-Frères

Durante décadas, los arqueólogos creyeron que la humanidad sólo había desarrollado un pensamiento profundo tras la invención de la agricultura. La teoría era que, en un pasado remoto, los humanos eran cazadores y recolectores, que se mantenían siempre ocupados por su vida nómada, por lo que no podían reflexionar sobre las realidades abstractas del mundo. La agricultura permitió que los humanos tuvieran más tiempo libre porque no tenían que cazar constantemente ni desplazarse según las migraciones de los animales. Nuevos estudios revelan que esta visión es incompleta. La humanidad siempre se ha sentido atraída por interpretar los patrones de la vida a través de lentes espirituales o filosóficos. Una de las pruebas clave que sugiere que es necesario conceder a los hombres de las cavernas un poco más de respeto intelectual son las pinturas rupestres de Trois-Frères, en Francia.

Estas pinturas presentan varias figuras interesantes, entre ellas extraños híbridos entre animales y humanos. La cueva se descubrió en 1914 y las pinturas tienen una antigüedad de más de 14.000 años. Lo interesante de estas pinturas es que demuestran que la humanidad primitiva tenía una mentalidad imaginativa y mitológica y que soñaban con criaturas de otro mundo. Aunque los arqueólogos no están seguros del significado de las pinturas, suponen razonablemente que estaban vinculadas a tradiciones religiosas o prácticas chamánicas, porque en el interior de la cueva también había un altar presumiblemente dedicado a una diosa leona. El altar tenía grabada la figura de una leona y contenía algunos artefactos fascinantes como conchas, dientes de animales y sílex. Esta cueva ayuda a reimaginar el pasado antiguo, replanteando la representación animalista y torpe del hombre de las cavernas, habitual en los medios de comunicación, para crear una visión de personas reflexivas que experimentaban pensamientos profundos, perspicaces y abstractos.

2. Figuras de Venus

El 7 de agosto de 1908 se hizo un descubrimiento en una excavación dirigida por Josef Szombathy en Austria. A orillas del Danubio, se desenterró una figura femenina, regordeta y de senos grandes, hecha de piedra caliza, a la que ahora se denomina estatua de Venus I o Venus de Willendorf. Se encontraron otras dos estatuillas, pero eran de marfil y más recientes que la Venus I, de casi 30.000 años de antigüedad. Nadie sabe con exactitud para qué se utilizaban estas figuras, pero por la forma rellena del cuerpo, se supone que estaban vinculadas a la fertilidad. Teniendo en cuenta que hoy en día en gran parte del mundo las deidades son masculinas, resulta sorprendente que algunos de los objetos religiosos más antiguos muestren signos de culto femenino entre los antepasados más antiguos de la humanidad. Esto suscita muchas preguntas sobre cómo la humanidad desarrolló órdenes religiosos patriarcales, si los signos más primitivos sugieren que el pensamiento espiritual deificaba a las mujeres.

Lo que hace que esto sea tan interesante es que demuestra que los humanos han pensado simbólicamente durante miles de años. Esto lleva a preguntarse cómo ha afectado el pensamiento abstracto al desarrollo evolutivo de la humanidad. Al igual que las mujeres con curvas adornan las redes sociales y las vallas publicitarias, los antiguos humanos esculpían meticulosamente figuras voluptuosas que quizás eran honradas de forma similar. Si se crearon por motivos religiosos, supersticiosos, artísticos o decorativos, sigue siendo un misterio, pero las estatuillas revelan que el impulso creativo de la humanidad era una forma de inmortalizar lo más preciado. Se dice que las estatuillas de Venus se utilizaban para la supervivencia o la fertilidad, por lo que son algunos de los ejemplos más antiguos de cómo el arte encarna los deseos y temores de la humanidad.

3. Flautas de hueso

¿Alguna vez ha visto un hueso en su plato y ha pensado que podría hacer música con él? La mayoría de la gente de la modernidad no tiene pensamientos así, pero en la Edad de Piedra esta forma de pensar era completamente normal. En la cueva de Hohle Fels, los arqueólogos descubrieron flautas hechas con marfil de mamut y huesos de cisne. Los cazadores-recolectores nómadas no desperdiciaban nada y utilizaban todas las partes de los animales, aunque fuera para entretenerse. Lo que es aún más revelador que los materiales que usaban para construir instrumentos de viento es el hecho de que los seres humanos hayan producido música durante miles, si es que no millones, de años.

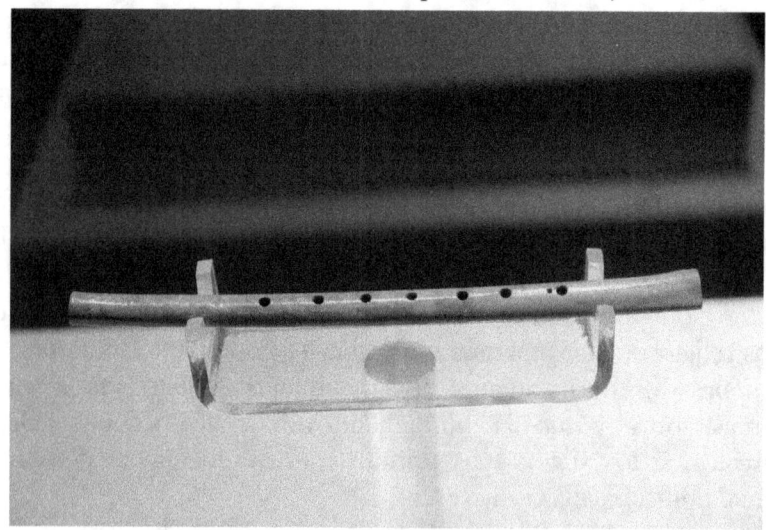

En la Edad de Piedra se creaban flautas con huesos
Gary Todd, CC0, vía Wikimedia Commons:
https://commons.wikimedia.org/wiki/File:Early_Peiligang_Culture_Bone_Flute,_Wuyang.jpg

Los instrumentos encontrados tienen una antigüedad de al menos 35.000 años. La flauta de hueso tenía muchos agujeros, lo que permitía tocar diferentes notas. Esto hace que surjan preguntas sobre las composiciones de la época. Por desgracia, es imposible saber cómo sonaba la música de los antiguos humanos, porque no había ningún medio para grabar, ni siquiera mediante partituras escritas en papel. Las tallas y pinturas encontradas en la misma zona dan una idea de sobre qué podían cantar. El mundo natural y su influencia en la existencia humana es un tema común en la época. Por ejemplo, se puede imaginar una canción sobre pájaros acompañada de una flauta de hueso procedente del cuerpo del animal honrado. También las reflexiones sobre la relación indisoluble entre la vida y la muerte son sorprendentes en las culturas prehistóricas.

4. Diferentes especies humanas

Al imaginar el proceso evolutivo del ser humano, se tiende a imaginar un camino ordenado en línea recta, como en un libro de texto de biología de décimo grado. Sin embargo, la visión actual es que la especie humana como la conocemos hoy en día puede haber existido al mismo tiempo con otras especies de homínidos. Los neandertales, el *Homo floresiensis* y los denisovanos compartieron el planeta con la especie humana. Estas especies de homínidos se extinguieron con el tiempo debido a factores medioambientales. Sin embargo, algunos afirman que se dieron cruces con estas especies, lo que podría haber contribuido a su desaparición del planeta. Algunas personas tienen ADN neandertal detectable en sus genes, así que es probable que estos homínidos hayan pasado a formar parte de la familia humana, en lugar de que fueran distintos de los *Homo sapiens*.

Se han encontrado diversas especies humanas primitivas en Eurasia, Indonesia y Siberia. Los fósiles de algunas de estas especies tienen más de 100.000 años. Aunque las películas suelen presentar a los neandertales como cavernícolas mudos, es posible que fueran muy inteligentes y tuvieran culturas y tradiciones complejas. Es probable que estas especies apenas se distinguieran de los humanos, hasta el punto que se mezclaron entre sí. Esta visión de la evolución humana borra el camino en línea recta que se suele presentar y lo sustituye por una compleja red de especies y migraciones que sucedieron en una era anterior a la historia registrada (¡de la que se ha perdido casi todo en el tiempo!). A medida que se hagan más descubrimientos, es probable que empiece a desarrollarse una imagen de seres humanos inteligentes desde sus orígenes. El rompecabezas de la formación de los humanos es cada vez más cautivador a medida que se desentierran nuevas pruebas.

5. Perforación de cráneos vivos

La neurocirugía en la antigüedad, sin anestesia, sin consideraciones de seguridad y sin conocimiento de las bacterias, es una de las imágenes más aterradoras que se pueden pasar por la cabeza. Imagínese acostado en un lecho de hojas, con cuatro hombres fuertes sujetándolo mientras usted patalea y grita porque alguien le está haciendo un agujero en la cabeza con toscas herramientas de piedra. La trepanación es el proceso de perforar el cráneo de una persona por razones médicas. La práctica de la trepanación se remonta a hace casi 10.000 años, cuando se encontraron cráneos prehistóricos en Francia. Esta antigua práctica ayudó a construir la base más fundamental de la neurocirugía. La práctica de la trepanación continuó hasta el siglo XIX. Resulta chocante que durante miles de años nadie pensara que no era buena idea perforarse la cabeza.

La cirugía ha recorrido un largo camino, desde las rocas de las cavernas hasta las sillas de operación en el campo, luego a los campos de batalla y, finalmente, a los cómodos y estériles hospitales de hoy en día. Algunas personas teorizan que los hombres de las cavernas taladraban agujeros en los cráneos para tratar los dolores de cabeza, pero no muchos entienden por qué se llegó a esa conclusión, ya que un tosco taladro en el cráneo parece causar dolor en lugar de aliviarlo. Es difícil averiguar con exactitud por qué estos prehistóricos practicaban la trepanación, pero era relativamente habitual, ya que en la excavación francesa se desenterraron 120 cráneos llenos de agujeros. Dé gracias a la aspirina, teniendo en cuenta que la alternativa es un agujero en la cabeza.

6. La puerta está en el techo

Como su nombre indica, se cree que los cavernícolas vivían en cavernas. La última parte de la Edad de Piedra vio el desarrollo de casas de barro muy juntas entre sí. Lo que hace únicas a esas casas es que no tenían puertas como las de hoy en día. Los habitantes entraban a sus casas desde el tejado. Probablemente lo hacían para evitar a los depredadores. La transición de las cavernas a viviendas semipermanentes es un gran salto en el desarrollo de la civilización. Los habitantes de la época desarrollaron una red de callejuelas entre los espacios habitables para moverse con facilidad por su sociedad comunal. Caminaban por los toscos caminos para desplazarse entre las casas y tirar los desperdicios acumulados. No se quedaban mucho en estas casas de adobe, porque aún no estaban en la era agrícola cultivando sus productos y practicando la ganadería; todavía necesitaban desplazarse según las migraciones de sus fuentes de alimentos.

Es interesante pensar en cómo el diseño de las casas de adobe cambió las entradas en el tejado por las puertas que conocemos. Es extraño imaginarse llegar a casa después de un duro día de trabajo y tener que subir al tejado para bajar a la vivienda. La necesidad es la madre de la invención, así que, con un poco de investigación, algún día se sabrá por qué optaron por este diseño. En todo caso, estas estructuras de madera y barro eran más capaces de soportar los elementos y proporcionar un lugar seguro para reunirse lejos del peligro natural constante de la Edad de Piedra.

7. Igualdad de género

Es de suponer que cuanto más se retrocede en el tiempo, más opresivas y patriarcales eran las culturas. Sin embargo, muchas de las sociedades nómadas de cazadores-recolectores del mundo antiguo tenían modelos igualitarios. La mujer promedio de la Edad de Piedra realizaba los mismos trabajos manuales que el hombre y participaba en la caza, excepto cuando estaba embarazada o amamantaba a un bebé. Estas mujeres eran increíblemente fuertes y pueden compararse con las atletas de élite de la era moderna. Cuando la atención era exclusivamente la supervivencia, no había tiempo para establecer jerarquías opresivas, porque la vida o la muerte dependían de la cooperación total de la tribu. Esta actitud igualitaria se evidencia en el hecho de que las primeras deidades eran femeninas y se ocupaban de la naturaleza y la fertilidad, conceptos que repercutían directamente en la vida cotidiana de la tribu.

Las jerarquías patriarcales pueden haber empezado a formarse con el progreso de la agricultura. En ese momento comenzó la propiedad de la tierra y las razones para expandirse o dominar. Con la propiedad, llegó la necesidad de gobernar, y en una época en la que la fuerza física era usada para dominar, las mujeres eran más débiles físicamente que los hombres, por lo que caían fácilmente subordinadas a ellos. Antes de eso, la vida de las mujeres de las cavernas era relativamente igualitaria. Se esperaría que los hombres de las cavernas fueran más salvajes que sus homólogos modernos, pero parece que eran más ilustrados en lo que se refiere a la igualdad de género. La filosofía y el enfoque de la igualdad de derechos que estamos empezando a desentrañar y explorar en los últimos tiempos eran una parte importante de la sociedad prehistórica.

8. Intercambio de viviendas

Como los humanos prehistóricos construían casas temporales, abandonaban las estructuras cuando tenían que mudarse. Por esto, no siempre construían casas cuando se asentaban en un lugar nuevo. A veces, había casas abandonadas por otras tribus que se habían mudado, así que las renovaban y vivían en ellas. Este proceso era algo así como una ocupación consentida. En aquella época no existía el concepto de propiedad de la tierra, porque la era agraria aún no había florecido. Por eso, los cavernícolas llevaban el concepto de «busca y cuida» a un nivel superior, recuperando casas enteras abandonadas.

Las poblaciones de humanos eran muy pequeñas en la época y no solían encontrarse nunca. El reducido número de humanos también explica la inexistencia de la guerra en la Edad de Piedra. Los humanos morían de forma violenta, pero rara vez por el arma de otra persona. No se encontraban con las tribus a las que robaban. Por otra parte, la cultura de estos cazadores-recolectores era de aprovechar los recursos disponibles... por eso, si encontraban una estructura completamente formada, la usaban ¡no tenía sentido empezar de cero y construir una nueva!

9. El pan de la Edad de Piedra

La idea errónea del salvajismo de la gente de la Edad de Piedra a menudo crea un falso recuerdo de la prehistoria. Para los antiguos humanos, la hora de la comida no consistía en cargar un cadáver ensangrentado y arrojarlo a una hoguera encendida mientras gruñían y gritaban guturalmente. Algunos de los antepasados más antiguos de la humanidad comían con delicadeza. Los cavernícolas cocinaban pan plano. Es una proeza asombrosa por lo difícil que es hacer pan. Aparte del proceso de horneado, debían recoger cereales y molerlos antes de empezar.

Por lo tanto, los cereales integrales y el almidón pueden haber sido parte de la dieta humana durante miles de años. La cultura alimentaria no es un invento moderno. Probablemente, las tribus tenían alimentos y formas de preparación propias. Los arqueólogos descubrieron que los antiguos humanos hacían pan al encontrar restos de este sabroso manjar en las ruinas de un horno. El ingenio de los pueblos de la Edad de Piedra no puede subestimarse en comparación con la modernidad, donde muchas personas no sobrevivirían ni un segundo sin las comodidades de la sociedad contemporánea.

10. Caníbales

El canibalismo no era común entre los humanos de la antigüedad, pero sí era una práctica existente. Los animales de caza eran la principal fuente de proteínas para los antepasados de la humanidad, pero su sintonía con el mundo natural significaba que los cavernícolas aprovechaban sus oportunidades. Si debían defender el territorio de un extraño, o si alguien de la tribu moría por causas naturales, probablemente se lo comían, sobre todo si las cacerías no tenían éxito. Los seres humanos no iban por ahí cazando otros humanos para comérselos porque, como animal de presa, son demasiado astutos y difíciles de atrapar. Sin embargo, si le cae carne del cielo, ¿qué puede hacer aparte de comerla?

Pensar en comerse a un semejante es estomacalmente repugnante, pero si se está entre la vida y la muerte, en medio de la cadena alimentaria, comiendo y siendo comido, desperdiciar carne es una tontería. El canibalismo era solo el aprovechamiento de las oportunidades que se presentaban. Probablemente, alguien argumentó que la tribu no debía enterrar a un compañero cavernícola, llamémoslo Steve, porque era corpulento y funcionaría bien con un poco de lechuga. El siguiente hombre llevó a Steve a la sombra para que la carne no se dañara antes de la cena.

11. Odontología antigua

Si la perforación del cráneo no es suficientemente espeluznante, imagínese sentarse en un tronco frente a un dentista primitivo. Se utilizaban herramientas de piedra para rascar la caries con el fin de aliviar el dolor y evitar que el diente se pudriera más. A continuación, el dentista aplicaba betún, una sustancia parecida al alquitrán que se encuentra en la naturaleza, a modo de empaste. Lo que hace que esta antigua odontología sea tan extraña es que las técnicas utilizadas hoy en día, aunque más sofisticadas, son similares a los métodos antiguos, porque los dentistas modernos también taladran las caries e instalan empastes. Hoy en día, sigue dando pavor ir al dentista, así que ¿cómo habrá sido sin normas de higiene ni analgésicos y con herramientas rudimentarias?

El magistral trabajo de los antiguos dentistas se descubrió en el norte de Italia, con el hallazgo arqueológico de dientes aparentemente trabajados. También se encontró materia vegetal y pelo en los empastes, pero los investigadores no están seguros de la finalidad de estos ingredientes. Las raíces de la odontología se remontan a finales de la Edad de Piedra. Antes de este descubrimiento, un empaste de cera era la muestra más antigua que se había encontrado, en Pakistán. El trabajo dental de la Edad de Piedra demuestra que la humanidad ha cuidado de sus dientes desde antes de que existiera la civilización. La odontología es más antigua que las ciudades modernas.

Preguntas para reflexionar

1. ¿Qué materiales serían los más adecuados para construir una vivienda semipermanente de cazadores-recolectores?

2. ¿Cómo cree que se desarrollaron las sociedades desiguales cuando las culturas antiguas eran muy igualitarias?

3. ¿Por qué cree que los antiguos no solían comer carne humana, aunque no estuvieran en contra del canibalismo?

4. ¿Por qué cree que existe la idea errónea de que los cavernícolas eran salvajes sin filosofía ni cultura profunda?

5. ¿Qué cree que creía la gente de las cavernas sobre su lugar en el universo, ya que no hay registros escritos que puedan ser explorados o interpretados?

Capítulo 2: Hechos extraños del Antiguo Egipto (3100-30 a. C.)

¿Qué le viene a la mente cuando piensa en el Antiguo Egipto? Probablemente piense en las grandes pirámides de Guiza, la Esfinge o las momias. Sin duda, Egipto es una de las culturas más antiguas y ricas del mundo. Con una larga historia de 5.000 años de civilización, hay mucho que contar sobre este antiguo país. Por suerte, su historia está inmortalizada en muchos relatos. Algunos son románticos, como la historia de amor entre el rey Akenatón y su esposa Nefertiti, mientras que otros son trágicos, como la historia de Isis y Osiris.

Cuando se piensa en el Antiguo Egipto, vienen a la mente las grandes pirámides de Giza y la Esfinge

Probablemente Hamish2k, el primero en subirla, CC BY-SA 3.0
http://creativecommons.org/licenses/by-sa/3.0/, vía Wikimedia Commons:
https://commons.wikimedia.org/wiki/File:Egypt.Giza.Sphinx.02_(cropped).jpg

Si se fija bien en la mitología egipcia, encontrará algunas historias extrañas y espeluznantes que le harán decir: «Esto no puede ser real».

¿Está preparado para hacer un viaje en el tiempo y descubrir las historias más extrañas del Antiguo Egipto?

12. Los enanos de la corte del faraón

Pepi II Neferkare fue un faraón que gobernó Egipto a la temprana edad de seis años. Como era un niño, se nombró a un gobernador llamado Harkhuf, que tenía una gran relación con el joven rey. Harkhuf era también un explorador y realizó muchas expediciones por diversos países del mundo. Siempre le traía a Pepi regalos de los fascinantes lugares que visitaba.

Cuando Pepi tenía ocho años, Harkhuf le escribió una carta en la que describía los regalos que le había traído. Sin embargo, hubo uno que llamó la atención del joven rey, se trataba de un enano que vivía en el país de los espíritus. Por un momento, Pepi olvidó que era un rey y mostró una gran emoción por su regalo. Envió una carta a su gobernador para que regresara a casa lo antes posible.

Pepi también decía en su carta que, cuando subieran al barco, Harkhuf debía designar hombres para proteger al enano en todo momento, porque le preocupaba que pudiera caerse por la borda. También le dijo que los hombres debían vigilarlo diez veces por la noche mientras dormía. Pepi prometió a Harkhuf una gran recompensa si traía al enano sano y salvo.

¿Por qué estaba Pepi tan entusiasmado con su regalo? Los faraones tenían en muy alta estima a los enanos porque creían que eran criaturas mágicas que tenían poderes y estaban asociadas con los dioses. Incluso desempeñaban un papel importante en muchas ceremonias religiosas en las que actuaban y bailaban. Por esta razón, se les llamaba «bailarines de los dioses».

A los antiguos reyes egipcios les encantaba tener enanos. Cuando sus enanos morían, les celebraban costosos funerales y los enterraban en lujosas tumbas.

Uno de los enanos más famosos se llamaba «Seneb». Ha sido inmortalizado en una estatua con su mujer y sus hijos, y se cree que nació en una familia noble o que ocupaba un alto cargo. En su tumba se encontraron muchos títulos, como «supervisor de los enanos» y «amado del rey».

Khnumhotep fue otro conocido enano de la VI dinastía. También fue inmortalizado en una estatua con su biografía escrita en la base. Era un sacerdote que realizaba rituales para los muertos, incluidas las danzas en los funerales. Otro enano famoso fue Djeho, que sin duda era muy querido por su patrón, ya que fue enterrado en la misma tumba que él. Su sarcófago era de granito y muy costoso, reflejando su papel sagrado como bailarín en los rituales funerarios.

13. El faraón que se convirtió en dios

Los antiguos egipcios eran politeístas, ya que adoraban a muchos dioses y diosas. A nadie se le ocurrió cambiar el *statu quo* hasta que el faraón Akenatón llegó al poder.

Akenatón no era un gobernante corriente y logró muchas cosas en sus 17 años como rey, especialmente en las artes. Sin embargo, lo más destacado de su gobierno fue revolucionar el movimiento religioso en el Antiguo Egipto. Introdujo la idea del monoteísmo y llamó a su pueblo a adorar al dios del sol, Atón. Creía que no había otra deidad tan especial, única o digna de adoración como el dios del sol. Solo una persona conocía a Atón y podía hablar con él y en su nombre, y esa persona era Akenatón.

Akenatón tenía un motivo oculto, ya que quería ser el hombre más poderoso del mundo, siendo a la vez rey y profeta. Incluso creó varias narraciones falsas y afirmaba que eran las palabras de su dios. Curiosamente, el faraón se llamaba originalmente Amenhotep, pero cambió su nombre por Akenatón, que significa «el que es eficaz para Atón», para reflejar su relación única con el dios.

También ordenó a sus hombres que destruyeran todas las estatuas e imágenes de los demás dioses. Akenatón dedicó toda una ciudad al culto de Atón y construyó muchos templos en su nombre. La llamó «Akhetaten», que significa «El horizonte de Atón». Akenatón dio un paso sin precedentes al pedir a los artistas que cambiaran la forma en que él y su familia eran retratados en las pinturas. Quería que se les representara como andróginos con cuerpos alargados, más grandes y superiores a los humanos.

Cuando los antiguos egipcios vieron estas pinturas, sintieron que Akenatón y su familia no eran seres humanos normales, sino criaturas divinas que estaban relacionadas con Atón.

14. El misterio de la momia que grita

En 1881, un equipo de arqueólogos estaba desenvolviendo cincuenta momias de miembros de la realeza descubiertas en Deir El-Bahari, en Egipto. Todo parecía normal, pero pronto descubrieron algo que horrorizó a todos los presentes. Encontraron una momia que no se parecía a las demás. Pertenecía a un hombre joven con una expresión de horror en el rostro y parecía estar gritando. Al investigar más a fondo, descubrieron algo aún más espeluznante. La momia no tenía ninguna incisión. ¿Por qué suponía eso un problema?

Los antiguos egipcios hacían una incisión en el abdomen izquierdo del cuerpo para extraer los órganos antes del proceso de momificación. La carencia de ese agujero demostró que esa momia no estaba bien momificada. Sin embargo, otras cosas extrañas desconcertaron a los arqueólogos.

El joven estaba cubierto con piel de oveja, que era un símbolo de deshonra en el Antiguo Egipto. Esto indicaba que había cometido un crimen horrendo. También llevaba pendientes de oro, lo que indicaba que era de alto estatus, posiblemente un príncipe. Además, tenía las manos y los pies atados.

Entonces, ¿quién era este hombre? ¿Cuál era su historia? ¿Por qué gritaba?

Hubo muchas teorías detrás de esta intrigante momia, que fue bautizada como «Hombre desconocido E». Algunos arqueólogos creyeron que había sido envenenado, mientras que otros dijeron que había sido enterrado vivo. En cualquier caso, su muerte fue dolorosa y le hizo gritar. Sin embargo, las teorías no se detuvieron ahí.

Algunos especularon que era un príncipe extranjero que había llegado a Egipto para casarse con la viuda de Tutankamón, pero fue asesinado y su cuerpo nunca fue encontrado. Según esto, tiene sentido que fuera enterrado en una tumba sin nombre.

En 2012, los científicos realizaron un análisis de ADN y finalmente resolvieron el misterio del «Hombre desconocido E». El cadáver no pertenecía a un príncipe extranjero, como se pensaba. La momia que gritaba era el príncipe Pentawer, hijo del rey Ramsés III que conspiró para matar a su padre y ocupar su trono, pero fue capturado y condenado a muerte.

El Papiro Judicial de Turín mencionaba su juicio y revelaba datos interesantes sobre él. Le llamaban «Pentawer, el del otro nombre», así que Pentawer no era su verdadero nombre. Se lo cambiaron para borrarlo de la historia como castigo por su traición. El papiro también revela que fue obligado a suicidarse, y se cree que se ahorcó. Este fue un privilegio que se le concedió por su estatus real.

No se le permitió la momificación ni un entierro adecuado para evitar que llegara al más allá. Sin embargo, parece que alguien de alto estatus le hizo una momificación rápida para que su cuerpo no se descompusiera.

¿Cómo fue enterrado junto a reyes y reinas, incluido su padre, Ramsés III? Hubo un tiempo en el Antiguo Egipto en que el robo de tumbas era bastante común. Abrían las tumbas reales, se llevaban los objetos de valor y volvían a enterrar los cuerpos en Deir el-Bahri, donde fueron descubiertos 3.000 años después.

15. La desaparición de Nefertiti

Nefertiti es una de las reinas más famosas y poderosas del Antiguo Egipto. Tanto si está familiarizado con los faraones como si no, seguro que conoce su nombre. Pero, ¿sabe cómo murió o dónde está enterrada? No se sienta mal por no saberlo, porque en realidad nadie lo sabe. De hecho, esta poderosa reina desapareció de la historia dejando muchas preguntas sin respuesta.

Nefertiti es una de las reinas más famosas del Antiguo Egipto

Arkadiy Etumyan, CC BY-SA 3.0 http://creativecommons.org/licenses/by-sa/3.0/, *vía Wikimedia Commons:* https://commons.wikimedia.org/wiki/File:Nefertiti_30-01-2006.jpg

Nefertiti era una de las mujeres más bellas de la época. Estaba casada con Akenatón, con quien tuvo seis hijas. La pareja estaba muy enamorada y entregada, como testimonia la poesía de Akenatón. Sin embargo, las cosas cambiaron tras la muerte de su hija Meketatón, que dejó a ambos con el corazón roto.

No se menciona a Nefertiti en ningún registro histórico después de este trágico incidente. Sin embargo, hay algunas teorías sobre su desaparición. La primera teoría es que Akenatón la abandonó porque no podía darle un heredero varón. Sin embargo, muchos la discuten, ya que Akenatón tenía un hijo con su otra esposa, Kiya, por lo que no tenía motivos para abandonarla.

También se cree que la desterró por abandonar el culto a Atón. Sin embargo, no hay registros que apoyen esta teoría. Algunos creen que se suicidó tras perder a su hija, pero hay pruebas de que estaba viva tras el fallecimiento de Meketatón. La última y más intrigante teoría es que cambió su nombre por el de Smenkhkare y continuó gobernando Egipto tras la muerte de su marido. Esperó a que el heredero legítimo de Akenatón, Tutankamón, tuviera la edad suficiente para gobernar.

Nadie sabe con certeza si alguna de estas teorías es cierta. La cuestión de qué le ocurrió a Nefertiti tras la muerte de su hija quedó sin respuesta. Nadie sabe cuándo ni cómo murió ni dónde fue enterrada.

16. La trágica historia de Isis y Osiris

La historia de Isis y Osiris es una de las primeras historias de amor trágicas de la historia, aunque muchas partes del relato son bastante extrañas. Isis era la diosa de la curación y la magia, y Osiris el dios de la agricultura y la fertilidad. Eran hermanos y marido y mujer. Esto no es lo extraño, ya que era normal en la época.

Cuando su padre, Geb, dios de la Tierra, decidió retirarse, eligió a su hijo mayor, Osiris, para ocupar su lugar. Osiris era sabio y él y su esposa eran gobernantes justos y queridos por todo su pueblo.

En tiempos de hambruna, los antiguos egipcios recurrían al canibalismo. Sin embargo, Osiris les convenció para que renunciaran a este estilo de vida incivilizado e introdujo la agricultura y un código moral por el que se regía el pueblo, haciendo que todos llevaran una vida mucho más feliz y pacífica.

Lamentablemente, esto no duró mucho. Mientras que Osiris era un hombre apuesto, justo y sabio, su hermano Set era todo lo contrario. Era malvado, celoso, envidioso y feo. Odiaba a su hermano por muchas razones, pero la que lo llevó al límite fue que su esposa, Neftis, también hermana de ambos, tuviera una aventura con Osiris.

Set decidió matar a Osiris haciendo un ataúd del tamaño exacto de su hermano y haciéndole una broma cruel. Durante un banquete, retó a Osiris a meterse en el ataúd y le dijo que si cabía dentro, el ataúd sería suyo. Osiris confió en su hermano y entró. Set selló rápidamente el ataúd y lo arrojó al Nilo. Osiris murió asfixiado y Set se convirtió en rey.

Cuando Isis recibió la noticia, quedó desconsolada por la pérdida del hombre que amaba. Decidió buscar a su marido y devolverle la vida. Cuando Set se enteró, trajo el cuerpo de su hermano, lo cortó en 42 pedazos y los esparció por todo Egipto para hacer imposible su misión.

Sin embargo, Isis no se rindió. Con la ayuda de su hermana Neftis, consiguió reunir 41 trozos y construyó la pieza que faltaba. Revivió a Osiris durante un breve periodo de tiempo para hacer el amor con él. Quería quedar embarazada para que su hijo ocupara el lugar de su padre como rey. Su plan funcionó y dio a luz a un niño llamado Horus. Osiris no estaba vivo ni muerto, por lo que se convirtió en el dios del inframundo.

17. El mito de la creación

¿Sabe cómo se creó el universo según la mitología del Antiguo Egipto? Bueno, si está buscando una historia extraña, no hay nada más extraño que el mito de la creación.

Atum, también llamado Ra, fue el primer dios egipcio y surgió del agua por voluntad propia. Era el único ser vivo del universo. No había seres humanos ni dioses, ya que el mundo aún no había sido creado.

Atum se sentía solo y aburrido, así que pensó en crear más dioses que le hicieran compañía. Sin embargo, esto era complicado, ya que estaba solo y no tenía con quién copular para formar una familia de deidades. Así que decidió reproducirse con su sombra.

Cuando llegó el momento de dar a luz, Atum tuvo dificultades, ya que era un varón. Descubrió que su mejor opción era escupir a sus hijos Shu, dios del aire, y Tefnut, diosa de la humedad. Entonces empezó a crear el universo masturbándose.

Otra versión del mito de la creación afirma que Shu y Tefnut crearon la Tierra y que la humanidad fue creada a partir de las lágrimas de Ra. Shu y Tefnut dejaron a Atum para explorar el universo. Atum se sintió triste y solo cuando sus hijos se fueron. Cuando regresaron, se alegró tanto de verlos que lloró lágrimas de alegría, de las que surgieron los seres humanos.

18. El ojo de Ra (mito 1)

A juzgar por la historia anterior, se puede decir que Ra era un dios fascinante, por lo que aparece en más de un mito. El ojo de Ra era un símbolo popular entre los antiguos egipcios. Probablemente le resulte familiar, ya que está grabado en muchos monumentos egipcios y mucha gente lo lleva como joya o se lo tatúa en el cuerpo. ¿Por qué es tan popular este símbolo? Bueno, hay más de un mito sobre este intrigante ojo. Considerado la contraparte femenina de Ra, el ojo de Ra era una extensión de sus poderes.

Shu y Tefnut se fueron a explorar el universo creado por su padre. No regresaban, y Ra estaba preocupado y desconsolado. Estaba solo, ya que ellos eran su única familia. Así que se sacó un ojo y lo envió en busca de sus hijos, con la esperanza de que los encontrara y se los devolviera.

Por suerte para Ra, el ojo tuvo éxito en su misión y llevó a los dioses sanos y salvos junto a su padre. Sin embargo, en su ausencia, Ra no podía ver muy bien, así que se hizo crecer otro ojo. Cuando el ojo original regresó, se sorprendió al descubrir que había sido reemplazado. Fue una traición imperdonable que lo hirió y disgustó.

A Ra no le hizo ninguna gracia que su ojo se sintiera así, así que lo convirtió en un *uraeus* para llevarlo sobre la frente.

19. El ojo de Ra (mito 2)

En el segundo mito del ojo de Ra, el ojo no es el héroe, sino el villano de la historia.

Después de que Ra creó el universo y la humanidad, observó a los humanos desde los cielos. No le complacían sus acciones y su ira se volcó sobre ellos, por lo que decidió que debían ser castigados. Envió a su ojo a masacrarlos a todos.

El ojo obedeció y mató a muchos seres humanos, casi aniquilando a toda la especie. Cuando vio la destrucción que había causado, Ra se arrepintió de sus actos. Sin embargo, el ojo estaba fuera de control, así que decidió engañarlo.

Disfrazó la cerveza de sangre para engañarlo, y el ojo bebió hasta que se desmayó y pudo calmarse y ver los errores de sus actos. Cuando despertó, volvió con Ra, que lo transformó en Sekhmet, la diosa de la guerra, el caos y la peste.

20. La historia de los perfumes

¿A quién no le gustan los perfumes? ¡Vienen en diferentes aromas, y son conocidos por hacerlo sentir como su mejor versión! Sin embargo, si averigua de dónde creían los antiguos egipcios que venían los perfumes, su amor por los perfumes cambiará.

Los antiguos egipcios creían que los perfumes se hacían con el sudor de Ra. Por lo tanto, aplicarse perfume no solo era higiénico, sino un acto religioso. Era como aplicar un líquido sagrado o una parte de Ra sobre el cuerpo.

Los perfumes jugaban un papel importante en la vida, e incluso tenían un dios llamado Nefertum.

21. La electricidad en el Antiguo Egipto

¿Descubrieron los antiguos egipcios la electricidad? Según algunos investigadores, sí. En las paredes del templo de Dendera se grabó una de las imágenes más fascinantes y misteriosas del Antiguo Egipto. Se trata de la ilustración de una serpiente en una gran bola de fuego que sale de una flor de loto. Curiosamente, esta imagen se parece a uno de los modelos de tubo de Crookes, ¡una de las primeras bombillas experimentales inventadas en el *siglo XIX*!

Muchos investigadores creen que esta imagen demuestra que los antiguos egipcios descubrieron y utilizaron la electricidad. Si esto es cierto, estaban muy adelantados a su tiempo. A juzgar por los monumentos y los muchos misterios que dejaron tras de sí, los antiguos egipcios eran brillantes, por lo que no sería una sorpresa que fuera cierto.

22. Anubis, el recolector

Anubis era el dios de la momificación en el Antiguo Egipto. Supervisaba el proceso de conservación de los cadáveres y conducía a los espíritus de los muertos al Salón de la Verdad, donde recibían su juicio final. Sin embargo, Anubis tenía un hábito muy peculiar. Le gustaba coleccionar trofeos (órganos) de las personas a las que ayudaba a momificar. Cuando

Set mató a Osiris y cortó su cuerpo, ofreció sus órganos a Anubis como regalo.

Anubis era el dios de la momificación en el Antiguo Egipto

Durante cientos de años, los antiguos egipcios ofrecieron cadáveres a Anubis. Muchos creen que esta era la razón por la que se representaba con cabeza de chacal. No se puede evitar comparar a Anubis con un asesino serial moderno al que le gusta guardar trofeos de sus víctimas.

23. Apep y Ra

Apep era el dios del caos y era representado como una gran serpiente. También era el mayor enemigo de Ra, y el dios del sol le tenía terror porque representaba el caos, la oscuridad y el mal. En una leyenda, Apep se tragó a Ra. Como era el dios del sol, el mundo se volvió oscuro y aterrador. Por suerte, los otros dioses abrieron un agujero en el estómago de Apep y liberaron a Ra para que salvara al mundo de la oscuridad.

La batalla entre ambos continuaría hasta el fin de los tiempos. Si Apep lograba devorar a Ra, Egipto quedaría a oscuras para siempre. Esto explica por qué Apep era llamado «el lagarto maligno».

El antiguo Egipto está lleno de historias extrañas y misterios aún más extraños. Quizá algún día, con la ayuda de la tecnología, el mundo obtenga algunas respuestas. Por ahora, solo queda disfrutar de lo desconocido e imaginar todos los escenarios posibles.

Preguntas para reflexionar:

1. ¿Cree que la momia que grita es realmente el príncipe Pentawer, hijo del rey Ramsés III, o en el futuro los investigadores descubrirán que es algo diferente?

2. ¿Qué cree que le ocurrió realmente a Nefertiti? ¿Es posible que no fuera una reina importante, como muchos creen? ¿Tal vez por eso desapareció fácilmente de la historia?

3. Si pudiera elegir, ¿resucitaría a un ser querido, como hizo Isis con Osiris?

4. ¿Qué opina de la decisión de Ra de destruir a la humanidad que él mismo había creado?

5. ¿Cree que los antiguos egipcios inventaron la electricidad, o hay una malinterpretación de la imagen?

Capítulo 3: Grafitis, gladiadores y jerigonza: las historias más extrañas del Imperio romano (753 a. C.-476 d. C.)

El mayor imperio del pasado. Una supremacía dominante. Un gobierno largo y autoritario. Emperadores despiadados. Una política violenta. Un reinado pacífico. Un periodo transformador en la historia de la humanidad. Cuando se habla del Imperio romano, vienen a la mente grandes descripciones como estas. De hecho, la civilización romana duró más de diez generaciones humanas y el Imperio reinó durante algo más de cuatrocientos años. Se definió por su increíble paz de doscientos años (*pax romana*), seguida de un periodo más largo de animosidad interna, luchas sangrientas, invasiones incesantes, un colapso económico en todo el imperio y la mortífera peste de Cipriano.

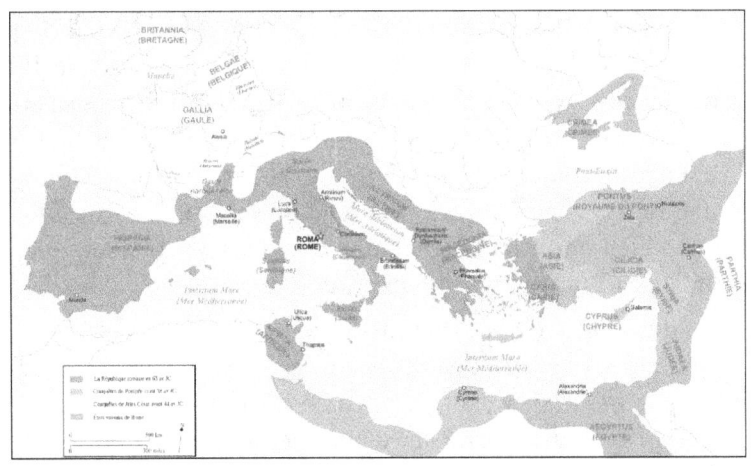

El Imperio romano dominó muchos países y duró más de cuatrocientos años
User: Historicair um15:17, 13 de agosto de 2007 (UTC), CC BY-SA 3.0
http://creativecommons.org/licenses/by-sa/3.0/, vía Wikimedia Commons:
https://commons.wikimedia.org/wiki/File:Map_of_the_Ancient_Rome_at_Caesar_time_(with_co
nquests)-fr.svg

Es hora de cambiar la percepción general de este famoso imperio (o infame, dependiendo de la percepción) de grandioso a común y un poco humorístico. Los insólitos romanos. Sus payasadas. Sus leyes absurdas. Al fin y al cabo, los romanos eran humanos, propensos a abundantes defectos y rarezas. Como disfrutaron de un reinado tan largo y próspero, sus excentricidades fueron más grandiosas, a menudo cómicas y a veces estrambóticas.

24. Los susurros de Pompeya

El templo de Júpiter en Pompeya
Jebulon, CC0, vía Wikimedia Commons:
https://commons.wikimedia.org/wiki/File:Temple_of_Jupiter_side_view_Pompeii.jpg

---

Para los historiadores y aficionados a la historia, los romanos pueden parecer dioses venidos de otro universo. La antigua ciudad de Pompeya demuestra que no eran más que humanos. Pompeya fue en sus días una bulliciosa ciudad del Imperio romano situada cerca de la actual Nápoles (Italia). Se encontraba cerca de la base del feroz volcán Vesubio, a unas nueve millas de la cima. Un buen día del año 79 d. C., el volcán entró en erupción produciendo una burbujeante corriente de magma que devoró toda la ciudad y los territorios circundantes.

Se considera uno de los acontecimientos más devastadores de la historia, que cobró la vida de varios miles de personas (se calcula que 16.000). Sin embargo, una cosa buena salió de este catastrófico incidente: se preservaron algunas excentricidades únicas de los romanos. Cuando Pompeya fue redescubierta en 1748, fue como encontrar oro en un campo minado. En medio de la destrucción pura y oscura brillaban pequeñas pepitas de información interesante que ofrecía una visión singular de la cotidianidad romana.

Hoy en día, la gente visita las ruinas de Pompeya no para maravillarse con la antigua arquitectura romana, sino para contemplar los extravagantes grafitis de sus paredes y los susurros de tiempos pasados. Desde dulces declaraciones de amor hasta sentidas muertes, los susurros a menudo rozan también lo obsceno. El idioma era principalmente el latín. He aquí algunas traducciones curiosas y divertidas (para toda la familia).

«¡Vete a la horca!», firmado por Samius y dedicado a Cornelius.

«Cruel Lalagus, ¿por qué no me amas?».

«Lamento tu muerte, y por eso, adiós», elogio de Pirro a Chias.

«Aufidio estuvo aquí. Adiós».

«Salud para ti, Victoria, y donde quiera que estés, que estornudes dulcemente».

Epafra fue insultada varias veces. El insulto más decente es: «Epafra no es buena en los juegos de pelota». Probablemente se refiere a reuniones sociales.

Otras pintadas incluían un montón de tornillos, palos y panes, delicias para las mentes vulgares.

25. El caballo cónsul de Calígula

Calígula fue el emperador romano más escandaloso y uno de los individuos moralmente más retorcidos de la historia de la humanidad. Su infame reinado está plagado de historias de blasfemia y libertinaje, hasta el punto de que su nombre se ha convertido en sinónimo de incesto. Sus pervertidas historias están destinadas a provocar escalofríos en los más viles, pero hay un relato que hace que incluso una persona sin sentido del humor se parta de risa.

Se dice que el amor de Calígula por los animales superaba con creces su afecto por los humanos (solía alimentar a sus bestias salvajes con prisioneros). Había un animal en particular al que más quería: su caballo, Incitatus. Construyó una prístina celda de mármol para el semental, le puso un collar de piedras preciosas alrededor del cuello y, en sus últimos años, lo invitó a vivir en su *domus* (casa).

Este comportamiento parece cuerdo en comparación con lo que se dice de la locura de Calígula. Entonces, para estar a la altura de sus capacidades, planeó nombrar cónsul a Incitatus, el cargo político más alto después del propio emperador.

Sin embargo, antes de que pudiera poner en práctica su plan, fue asesinado por uno de sus guardaespaldas personales, Cassius Chaerea. Ciertos relatos dicen que Chaerea estaba cumpliendo una profecía que decía algo así: «Sé el caballo que matará a Calígula». Es totalmente posible que Chaerea matara a su Emperador por culpa de Incitatus.

26. Las vírgenes vestales y los gansos sagrados

En la religión romana, Vesta era la diosa del hogar y la familia, e irónicamente era una virgen. Sus acólitas se llamaban vírgenes vestales porque juraban servir a la diosa durante al menos treinta años tras su iniciación (justo después de la pubertad). Durante ese tiempo, no mantenían relaciones íntimas con ningún hombre.

Curiosamente, la mayoría de las vestales seguían siendo vírgenes incluso después de los treinta años y continuaban sirviendo a su diosa. Por supuesto, se les concedían muchos privilegios exclusivos por mantener su fe, así que esa era una de las razones. ¿Quién no querría estar entre las mujeres más poderosas del país? En cualquier caso, su dedicación al carácter sagrado de los dioses y diosas ayudó indirectamente a la República romana a frustrar una invasión.

Corría el año 387 a. C. y la invasión de la República por los senones, una tribu gala ya extinguida, había culminado en la batalla de Allia (cerca del arroyo Allia, unos 16 kilómetros al norte de Roma). Los galos salieron victoriosos y Roma quedó completamente desorganizada. Mientras los invasores marchaban hacia la capital, los habitantes de la ciudad se apresuraban a evacuarla. En marcado contraste, las vírgenes vestales montaban guardia tranquilamente en torno a los objetos sagrados de sus dioses y diosas, atesorados en un templo en lo alto de una colina.

Algunos de estos tesoros eran los gansos sagrados, que anidaban justo a las puertas del templo. Muchos de los soldados defensores de Roma se quedaron en el templo para vigilar a las vestales y a los demás sacerdotes. Estaban cansados y hambrientos, pues todas sus fuentes de alimento se habían agotado. La idea de comerse a los gansos ni siquiera se les había pasado por la cabeza, ya que las vestales los consideraban sagrados.

Para entonces, los galos habían entrado en la ciudad. Una parte de su ejército intentaba colarse en el templo. En cuanto llegaron a lo alto de la colina, los gansos empezaron a batir las alas y a chillar con fuerza, alertando a los guardias de la presencia de los invasores. Los guardias salieron inmediatamente y golpearon con sus escudos a la primera fila de galos, que acababa de llegar a la cima. Estos se desplomaron hacia atrás, sobre la segunda fila de soldados trepadores y todo el batallón, una fila tras otra, cayó colina abajo como un conjunto de fichas de dominó.

Si las vestales no hubieran protegido a sus gansos sagrados, habrían sido devorados por los defensores y los invasores habrían rodeado el templo y tomado el control de Roma.

27. Los gladiadores como estrellas de rock

Los combates de gladiadores romanos son materia de leyenda. Sus adaptaciones de ficción (películas, programas de televisión y libros) han cosechado un enorme número de seguidores de culto a lo largo de los años. También son considerados modelos de conducta entre muchos niños. Sin embargo, antaño, los emperadores y nobles solo los veían como entretenimiento, trozos de carne para derramar sangre en la arena. La mayoría eran esclavos. Sin embargo, entre las masas y las clases bajas, eran como estrellas del rock.

De forma parecida a las estrellas de rock y otros famosos de hoy en día, los gladiadores más duros aparecían colgados en retratos en las paredes de las casas, los niños jugaban con figuras de acción de plastilina que los representaban e incluso se les contrataba como embajadores para promocionar muchos productos. Imagínese a un tipo musculoso ataviado con una armadura de gladiador, desfilando por las calles de las afueras del Coliseo, con una espada en una mano y una lata del mejor aceite de oliva del mundo (según los fabricantes) en la otra.

28. Combates de exhibición

Los combates entre gladiadores eran siempre cruentos y sangrientos. Al igual que un partido de exhibición en un deporte, había combates escenificados. Con el tiempo, los emperadores y los nobles se dieron cuenta de la importancia que tenían los gladiadores para las masas. Muchos de los mejores gladiadores contaban con seguidores que rozaban la idolatría. Para ganarse el corazón de su pueblo, los gobernantes terminaron por entrar ellos mismos en la arena, vistiendo ricas túnicas de gladiadores y usando armamentos finos.

La mayoría de sus combates eran simulados, incluso si se enfrentaban a gladiadores reales y no a otros nobles, pero si estaban dispuestos a entrar en la arena y soportar algunos moratones para ganarse el amor de su pueblo, sus esfuerzos debían ser elogiados, ¿o no? Pues no. Cuando en la lista de gladiadores imperiales figuran nombres de la talla de Calígula y Cómodo, se entiende que no luchaban por el amor y el respeto de sus súbditos, sino para saciar su propia sed de sangre.

29. El nefasto gobernante cantante

Muchos historiadores creen que Calígula fue el peor emperador romano, pero hizo las cosas que hizo porque sufría problemas mentales. Su sobrino y también emperador, Nerón, en cambio, era el mal en estado puro. Su corrupción administrativa y sus fallos imperiales fueron el menor de sus pecados. Sus actos de sadismo y violencia son bien conocidos. Se rumorea que mantuvo relaciones íntimas con su propia madre y que mató a su esposa cuando esta se enteró. Sin embargo, muy poca gente sabe que soñaba con ser cantante y músico.

El emperador Calígula es considerado por muchos el peor emperador romano
Sergey Sosnovskiy de San Petersburgo, Rusia, CC BY-SA 2.0

Durante la inauguración de un anfiteatro que había mandado construir, Nerón se puso a cantar con voz aguda de ópera (al menos eso creía él). Cuenta la leyenda que poco después, las mujeres embarazadas del teatro empezaron a gritar y a dar a luz, mientras que los hombres cayeron muertos desde el patio de butacas.

Pero Nerón no se rendía. A pesar de la masacre provocada por su canto en el teatro, siguió practicando la música. Un día, cuando Roma ardía a su alrededor (el gran incendio del 64 d. C.), mantuvo la calma y se puso a tocar el violín. Sin embargo, no estaba loco, era un sociópata de primer orden.

30. Los vampiros epilépticos

Dicen que las historias de vampiros bebedores de sangre se originaron en el siglo XVIII. Sin embargo, la práctica de consumir sangre humana comenzó mucho antes, allá por la época romana. No se trataba de una historia de fantasmas contada para asustar a los niños. Aunque parezca mentira, los médicos recomendaban esta práctica como medicina alternativa.

Los ataques de epilepsia eran bastante usuales en aquella época, pero no había ningún remedio para la enfermedad y los médicos romanos no la entendían realmente. Al comprobar que los gladiadores nunca sufrían epilepsia, llegaron a la conclusión de que la cura residía en la fisiología de los combatientes. Naturalmente, prescribían beber sangre de gladiador para tratar la enfermedad. También se recomendaba comer el hígado de los combatientes para aliviar los ataques.

Contrario a lo que se cree popularmente, no morían muchos gladiadores en los combates. En cada combate participaban entre trece y quince gladiadores, y solo dos o tres de ellos luchaban a muerte. Los enfermos de epilepsia eran muy frecuentes, por lo que la sangre de los gladiadores muertos era suficiente para unos pocos. Es muy posible que alguno epilépticos merodearan por las calles de Roma en la oscuridad de la noche, en busca de casas de gladiadores a los que matar para chuparles la sangre. La leyenda de los vampiros pudo nacer entonces, hace más de 1500 años.

31. El extraño elixir de la vida

Mitrídates utilizó su elixir para vivir más de ochenta años
O.Mustafin, CC0, vía Wikimedia Commons:
https://commons.wikimedia.org/wiki/File:Mithridates_VI.jpg

En la época romana, la medicina estaba naciendo y las epidemias y plagas proliferaban en la región. En medio del miedo y el caos que suponía contagiarse de enfermedades, Mitrídates el Grande tuvo una extraña idea (¿o fue una genialidad?). Preparó un brebaje que consistía en pequeñas cantidades de todas las aflicciones que tenía a mano y se lo bebió como si fuera el elixir de la vida.

Se dice que Mitrídates vivió más de ochenta años, sano como un caballo. Su brebaje de la inmunidad se conoció más tarde como *Mithridatium,* y muchos romanos lo consumían con la esperanza de prolongar su vida. Si lograron vivir una vida libre de enfermedades o no es un misterio.

32. La regurgitación real

La regurgitación es el acto de vomitar la comida ingerida. Se sabe que muchos animales se entregan a este hábito, entre ellos ranas, peces, reptiles y los romanos de alto rango. Comer era el pasatiempo favorito de los nobles y emperadores romanos. Hacían dos o tres comidas (a veces más) simultáneamente. No comían para llenarse la barriga, sino para disfrutar del sabor. Eran los primeros conocedores de la comida.

Cuando se sentían saciados después de comer, corrían a una letrina cercana, vomitaban y volvían a la mesa para comer un poco más. Hoy en día, el lugar donde vomitaban se conoce como vomitorio. En realidad, el *vomitorium* era un pasadizo de un anfiteatro y su propósito original no tenía nada que ver con la regurgitación real.

33. Reutilización de la orina

Los romanos no desperdiciaban su orina, sino que la reutilizaban para diversos fines. Se rumorea que el comercio de orina era un negocio floreciente en la Antigua Roma. Así es como probablemente surgió: el sistema de alcantarillado romano no era realmente de primera clase. Los retretes públicos se desbordaban con frecuencia, así que los científicos e ingenieros romanos idearon un plan único. Empezaron a promover la función y las capacidades de la orina.

Recogían el exceso de orina de las letrinas y lo devolvían a la gente, alegando que tenía propiedades útiles. Las tintorerías lo utilizaban para limpiar la ropa por su componente alcalino (amoníaco). Con el tiempo, también se utilizó en la fabricación de dentífricos. Está demostrado científicamente que el amoníaco limpia los dientes. Además de utilizar pasta de dientes con orina, los dentistas romanos aplicaban orina a los dientes para aliviar el dolor de muelas. Era sorprendentemente eficaz, aunque no tan elegante.

34. Las prostitutas se pusieron de moda

La prostitución era legal en el Imperio romano, pero las prostitutas eran mal vistas, no solo por la nobleza, sino también por los plebeyos. Puede que muchos hombres (y mujeres) contrataran sus servicios, pero nadie las veía como iguales. Para diferenciarlas del resto de las mujeres, se las obligaba a teñirse el pelo de rubio. Los romanos eran morenos o pelinegros de nacimiento. Los bárbaros (como se llamaba a cualquier extranjero, más concretamente germanos, galos y nativos eslavos) eran rubios. Era la forma romana de insultar tanto a los bárbaros como a las prostitutas.

Sin embargo, con el paso del tiempo, a las mujeres romanas empezó a gustarles el pelo rubio y muchas se tiñeron. Hubo una repentina afluencia de rubias en las calles de Roma, y los hombres estaban completamente perdidos. No sabían si cortejarlas o pagarles por su compañía.

35. ¿Por qué se prohibió el color púrpura?

La obsesión romana por la diferenciación cromática no era solo con los colores del cabello. El color de sus vestimentas importaba mucho, en particular el color púrpura. La gente común y los nobles de bajo rango no podían llevar nada de color púrpura. Este color estaba reservado a los emperadores y a los oficiales de alto rango de su séquito. Cualquier otra persona que deambulara por las calles luciendo púrpura era encarcelada o castigada.

A diferencia de muchas obsesiones sin sentido de los romanos, el asunto del color púrpura tenía una razón lógica. En aquella época, la tintura púrpura era un bien escaso y valioso que se extraía de los caracoles. Para teñir de púrpura un pequeño pañuelo había que machacar miles de caracoles. Ni siquiera se producía localmente, sino que los romanos lo importaban de Fenicia (al otro lado del Mediterráneo), lo que aumentaba aún más su precio.

¿Por qué se prohibió el púrpura? Debido a sus precios exorbitantes, los plebeyos y los nobles de clase baja no habrían podido permitírsela de todos modos.

36. La esclavitud de los hijos

Cada vez que los romanos conquistaban una región, tomaban como esclavos a quienes se les oponían. Era una práctica habitual en la época. La mayoría de sus esclavos eran bárbaros. En general, los ciudadanos del imperio estaban protegidos de la esclavitud, excepto los hijos de padres romanos, que podían vender a sus hijos como esclavos durante un tiempo determinado. Una vez transcurrido el plazo, el esclavista debía devolver al hijo a su padre en las mismas condiciones en que había sido vendido.

Sin embargo, había una trampa. Los padres no podían vender a sus hijos más de dos veces. Si lo hacían, el hijo podía emanciparse del padre al cabo de la tercera tenencia. Probablemente, esta extraña regla estaba en vigor para que el padre pudiera obtener alguna compensación por criar a un hijo y, al mismo tiempo, no se beneficiara demasiado de la empresa.

37. Las complicadas reglas del adulterio

En la Antigua Roma, los castigos por adulterio eran de naturaleza sexista, sobre todo a favor del marido, pero a veces también del lado de la mujer. Los maridos tenían vía libre para engañar a sus mujeres. Podían tener tantas amantes como quisieran y acostarse con cualquier número de prostitutas. Las complicaciones surgían cuando la esposa cometía adulterio.

Si el marido la descubría engañándolo, había un procedimiento que se seguía estrictamente:

1. Encerrar a la esposa y a su amante en la habitación.
2. Encontrar testigos de la infidelidad en un plazo de veinte horas.
3. Reunir pruebas fácticas del adulterio en un plazo de tres días (cuándo empezó la aventura, lugares en los que se cometió, datos personales del amante, etc.).
4. Presentar todo ante el consejo para conseguir el divorcio.

Era una petición difícil para el marido. Imagine su estado mental mientras intentaba pescar respuestas sobre la aventura de su mujer y la información de su amante. Los celos debían ser la mejor de sus emociones. Por otra parte, la mayoría de hombres tenían también su propia cuenta de infidelidades, ya que no sufrían consecuencias, por lo que es difícil sentir lástima por ellos.

Sin embargo, ese procedimiento no era lo peor. Si el consejo no concedía el divorcio al marido (posiblemente por falta de pruebas), se pensaba que estaba empujando voluntariamente a su mujer a los brazos de su amante. Además de la vergüenza social que esto significaba, también podía enfrentar penas de cárcel o castigos severos tras los hechos.

La única esperanza para el marido era que su mujer cometiera adulterio con un esclavo o una prostituta. En ese caso, podía matar al amante y seguir adelante.

Preguntas para reflexionar

1. Los médicos romanos, ¿utilizaban realmente los sueños para diagnosticar dolencias físicas?

2. ¿Por qué creían los romanos que el cristianismo estaba relacionado con el canibalismo?

3. ¿Por qué se permitía a los padres romanos sacrificar a sus familias?

4. ¿Qué usaban los romanos para bañarse, si no era jabón?

5. ¿Por qué olían tan mal los productos de belleza de las mujeres romanas?

Capítulo 4: La locura medieval (500-1500 d. C.)

Es conocido que el periodo medieval exhibe numerosas historias de castigos y métodos de juicio inusualmente crueles. Curiosamente, hay relatos que cuentan que los animales corrían la misma suerte cuando se les acusaba de un delito. Uno de los muchos relatos que encontrará en este capítulo es el de la Corte de Amor de la reina Leonor, una historia sobre un peculiar sistema judicial que se ocupaba de los asuntos del corazón. La siguiente historia describe el misterioso caso de la peste danzante que asoló a los ciudadanos de Estrasburgo en el siglo XVI. A continuación, leerá acerca de las inusuales formas en que se trataba el divorcio en la Alemania medieval, seguida de una de las tendencias de belleza más extrañas de la Edad Media. También aprenderá cómo los bufones de la corte se salían con la suya insultando a la nobleza y cómo los misteriosos escritos de un papa hicieron que se temiera a los gatos negros. La penúltima historia describe a otro papa excéntrico y su extraño comportamiento con su predecesor muerto, mientras que la última historia es una visión de uno de los detalles más horripilantes de las Cruzadas.

Los bufones de la corte podían salirse con la suya insultando a la nobleza
https://commons.wikimedia.org/wiki/File:Jean_Fouquet-
_Portrait_of_the_Ferrara_Court_Jester_Gonella.JPG

38. Juicio por ordalía

Antes de que los jurados empezaran a dictaminar la culpabilidad o inocencia en los tribunales, se hacía mediante un proceso llamado juicio por ordalía. Esta práctica se originó en la época medieval, cuando existían dos formas principales: el juicio por agua y el juicio por fuego. La culpabilidad del acusado se determinaba mediante la voluntad de Dios y se interpretaba a través de un resultado predeterminado. Por ejemplo, a un acusado para un juicio por agua se le arrojaba a una gran masa de agua. Si la persona flotaba, significaba que era culpable (en lugar de pensar simplemente que sabía nadar y mantenerse por encima del agua). Si se ahogaba, era inocente. En una práctica similar, a otros acusados se les ataba una cuerda con un nudo y se les arrojaba a una piscina de agua fría. Si se hundían más que el nudo atado a la cuerda, eran inocentes, ya que esto significaba que el agua los abrazaba por voluntad de Dios. En ese caso, eran sacados antes de que se ahogaran. Al igual que en el caso anterior, si no bajaban debajo del nudo, sino que flotaban, eran culpables y rechazados por Dios. Aunque no los mataban directamente, les hacían graves mutilaciones y muchos morían poco después. Otra forma de juicio con agua consistía en arrojar a los acusados al agua hirviendo. Si morían quemados, eran culpables. Si sobrevivían, eran inocentes. El juicio por fuego era igual de espantoso. Consistía en dar a los acusados una barra de hierro candente para que la llevaran caminando dos metros. Luego se observaban sus heridas para ver si se curaban. Si las heridas empezaban a curarse en tres días, la persona era considerada inocente. Si las heridas empezaban a supurar (lo que era habitual, ya que la falta de higiene propiciaba un caldo de cultivo perfecto para las infecciones), se le consideraba culpable.

En todas las formas de juicio por ordalía, la interpretación del resultado variaba y se dejaba a discreción de la comunidad. Por ejemplo, en el juicio por hierro caliente, la forma en que se curaban las personas dependía de lo que la comunidad considerara una herida limpia. Del mismo modo, en el juicio de la soga y el agua, a menudo las personas no se hundían o flotaban, sino que se movían, evitando ahogarse. Esto dificultaba enormemente la determinación de la profundidad a la que se hundían, por lo que correspondía a los espectadores decidir si el acusado había descendido lo suficiente.

A veces, sabían que alguien había cometido un delito, pero carecían de pruebas, y otras veces solo querían que alguien fuera castigado por algo. Las acusaciones falsas también eran frecuentes. Por ejemplo, hay una historia que describe cómo un hombre que visitaba a su vecino que le debía dinero se encontró en un juicio por ordalía. Al llegar a casa de su vecino, no encontró a nadie, pero entró a echar un vistazo, con la esperanza de encontrar algo que pedirle al vecino en lugar de dinero. Cuando el vecino llegó a casa poco después, lo acusó inmediatamente de robar (omitiendo ingeniosamente el hecho de que le debía y librándose de la carga de tener que devolverle el dinero). El hombre fue arrestado, sometido a juicio por el agua y, por desgracia para él, flotó.

39. La Corte de Amor de Leonor de Aquitania

Según Andreas Capellanus, autor y capellán real, la Corte de Amor era un sistema de juicio único dirigido por la reina Leonor de Aquitania y su hija Marie, condesa de Champaña. Algunas fuentes afirman que fue idea de Marie. Sin embargo, solo pudo llevarlo a cabo gracias a la influencia de su madre. Por el contrario, otros atribuyen a la reina Leonor la idea de este inusual sistema cortesano. Entre 1168 y 1173, el dúo madre-hija celebró audiencias periódicas, junto con las nobles de Poitier, que actuaban como jueces y jurados. Este tribunal se ocupaba de los asuntos más insólitos, como el amor y las desavenencias entre amantes. Aunque en la Edad Media la gente se ceñía a una conducta estricta en lo que se refería al cortejo y las relaciones, había desacuerdos que debían abordarse.

Con dos fracasos matrimoniales a sus espaldas (uno con Luis VII de Francia y el otro con Enrique, duque de Normandía) y con rumores de que estaba enamorada de su tío Raimundo, Leonor estaba más que preparada para proporcionar una visión de los desacuerdos matrimoniales y amorosos. Sin embargo, la verdadera razón de su corte podría ser un misterio para siempre. Algunas fuentes afirman que la Corte de Amor de Leonor fue un experimento social que le permitió ver cómo la gente resolvía los problemas que ella nunca pudo. Al fin y al cabo, participaba activamente en muchos otros ámbitos de la escena política, era la matriarca de su familia y tenía mucho que hacer (a diferencia de las nobles que lo utilizaban como distracción de sus aburridas vidas).

40. La peste danzante de 1518

En 1518, una mujer llamada Frau Troffea se detuvo en el calor de julio en Estrasburgo y empezó a bailar como si estuviera celebrando algo. No lo estaba; simplemente empezó a bailar sin motivo y no podía parar. Bailó hasta que se desmayó de agotamiento. Cuando volvió en sí, siguió bailando. Y pronto no fue la única. A la semana siguiente, otras personas a su alrededor empezaron a bailar y, al igual que Frau Troffea, no pararon hasta caer rendidas por el agotamiento o las lesiones. Alarmadas por este fenómeno inusual, las autoridades se pusieron rápidamente a trabajar en la solución. Al principio, pensaron que ayudar a los afligidos proporcionándoles instrucciones de bailarines profesionales, música y orientación sobre dónde bailar les permitiría seguir bailando, fuera cual fuera la causa. Los líderes religiosos pensaban que los bailarines estaban poseídos por demonios y pensaban que los demonios se irían si la gente se agotaba lo suficiente. Sin embargo, esto solo provocó que más gente se viera afectada, hasta que llegaron a bailar unas cuatrocientas personas. Muchos murieron de agotamiento, insolación y deshidratación, mientras que el resto encontró un respiro a principios de septiembre. Aunque los historiadores afirman que la peste danzante de Estrasburgo fue solo una de las muchas que se produjeron a lo largo de la historia, aún no se ha encontrado una explicación concluyente a este ni a ningún otro frenesí danzante. La investigación contemporánea teoriza que la gente podría haber tenido convulsiones (que hacían parecer que bailaban) por comer harina de centeno contaminada con cornezuelo, una infección fúngica. El historiador y médico estadounidense John Waller teorizó que la peste danzante era el resultado de un trastorno psicógeno masivo provocado por un estrés extremo. En aquella época, los habitantes de Estrasburgo tenían que esquivar enfermedades muy contagiosas, como la sífilis y la viruela, además de sufrir varias hambrunas seguidas. Todos estos factores de estrés combinados podrían explicar este trastorno.

41. Juicios a animales

Por si no fueran suficientes los métodos de enjuiciamiento poco comunes a los que se sometía a las personas, estas no eran las únicas que podían terminar ante un juez y un jurado en la época medieval. Los animales a menudo eran acusados públicamente de crímenes y tenían juicios y veredictos. Los cerdos eran juzgados con especial frecuencia (y normalmente ejecutados), lo que no era de extrañar, dado que corrían salvajes por las calles en lugar de estar encerrados en las granjas como hoy en día. Las víctimas más comunes de los ataques de cerdos eran los niños pequeños, que eran presa fácil y estaban al alcance de los cerdos omnívoros. Según una historia que relata el juicio de varios cerdos en septiembre de 1379, los animales llegaron incluso a matar personas. Esta historia afirma que, aunque solo unos pocos cerdos atacaron y mataron a un hombre cerca de un monasterio francés, los demás cerdos de la misma piara (que pastaban pacíficamente alrededor) también fueron juzgados. Era costumbre juzgar también a los «espectadores» porque se pensaba que «aprobaban» el crimen al no hacer nada. Todos los cerdos eran condenados a muerte, mientras que los frailes del monasterio podían interceder por los «espectadores», que con frecuencia eran liberados. Además de los cerdos, caballos, toros, anguilas, ovejas, perros e incluso delfines figuraban entre los animales que solían ser juzgados y declarados culpables.

Mientras que los animales grandes y fáciles de capturar solían ser condenados a muerte, las plagas y los insectos tenían castigos diferentes. La gente recurría a métodos muy inusuales en este frente: desde rezar para ahuyentar a los insectos hasta enviar cartas a las ratas para que desalojaran sus viviendas y abandonaran la ciudad. A veces, se le fijaba a estos pequeños animales una fecha de plazo en la que debían marcharse.

Otras veces, los animales eran encarcelados junto con las personas. Al igual que ocurría con las personas, a veces también se juzgaba y condenaba a animales inocentes. A finales del siglo XVI, el naturalista Leonhard Thurneysser llevó un alce a una pequeña ciudad suiza. Al no haber visto antes a este animal, los lugareños le temían y lo consideraban una bestia viciosa, aunque ni siquiera se atrevían a acercarse a él. En poco tiempo, lo juzgaron y condenaron a muerte. Según otra historia, se ejecutó a una mula junto con un hombre acusado de robo que se suponía que era su dueño (ni siquiera estaban seguros de ello: solo habían encontrado al animal junto al hombre).

Afortunadamente, a finales del siglo XVI, los animales empezaron a tener defensores. A veces, se trataba de personas que dependían de ellos para su trabajo y sustento y no querían perderlos. Otras veces, los defensores eran como Bartolomé Chassenée, que ganó fama tras defender con éxito a las ratas contra la acusación de que comían y destruían una buena cantidad de cebada en Autun, Francia. Los argumentos de Chassenée eran realmente ingeniosos. Alegó que las ratas no podían haber cometido el delito, ni podían ser citadas ante el tribunal porque eran vigiladas todo el tiempo por gatos. Más tarde, Chassenée defendió con el mismo éxito a los insectos. Estas criaturas eran juzgadas por un tribunal eclesiástico, que amenazaba con imponerles un anatema (una forma de excomunión para los animales). Esta era una forma común, aunque ineficaz, de castigar a los insectos y otras plagas. Por ejemplo, cuando los gorgojos plagaron St. Julien en el siglo XVI, fueron excomulgados mediante oraciones públicas. Aunque los insectos se marcharon (probablemente porque encontraron un lugar mejor para vivir y no por las oraciones), volvieron tres décadas después. Esta vez, fueron llevados a juicio, pero contaron con un gran defensor que argumentaba que ellos, al igual que las personas, eran creaciones de Dios, y que Él los había colocado en la Tierra con el sustento que tenían (los cultivos) por una razón. La acusación, a su vez, argumentaba que, como animales, los gorgojos debían ser subordinados de las personas y no debían comer cultivos destinados a las personas. Los habitantes de St. Julien propusieron un compromiso, estableciendo un lugar donde los gorgojos pudieran pararse y alimentarse cerca de la ciudad. Sin embargo, la defensa lo rechazó, argumentando que el lugar no tenía suficiente sustento para los gorgojos. El juicio duró ocho largos meses, pero el veredicto sigue siendo un misterio, porque los documentos judiciales que lo contenían fueron destruidos (tal vez por los mismos gorgojos).

42. Divorcio por combate físico

Dados sus orígenes celtas alemanes, no es de extrañar que los habitantes de la Alemania medieval resolvieran sus disputas mediante el combate. El derecho germánico de la época permitía el juicio por combate, que permitía a los contendientes resolver los asuntos mediante duelos legales. Esto solía ocurrir cuando las partes no podían presentar ninguna prueba (como testigos o confesiones) para demostrar su caso. Sin embargo, el juicio por combate también se aplicaba en situaciones inusuales, como el divorcio.

Según el *Fechtbuch* de Hans Talhoffer (publicado en 1467), que contiene una fiel descripción de los duelos de la época, estos juicios tenían reglas específicas. Por ejemplo, como los hombres tenían la ventaja de estar entrenados para el combate, debían permanecer quietos en un hueco de un metro, mientras que las mujeres podían moverse libremente a su alrededor. Del mismo modo, a los hombres se les daban garrotes de tamaño normal, mientras que los de las mujeres tenían piedras y se envolvían en una tela un poco más larga que el garrote masculino para igualar el alcance. Ambos vestían una simple truza con estribos, la ropa más práctica de la época. Por lo general, cada mujer tenía tres garrotes o rocas. Si las mujeres atacaban a los hombres cuando estos se encontraban en una posición vulnerable (recogiendo o dejando sus palos), tenían que ceder una de sus rocas. Si los hombres tocaban el borde exterior de su agujero (lo que se consideraba un intento de salir), también tenían que entregar uno de sus garrotes. A pesar de estas claras instrucciones, declarar un vencedor era complicado. Mientras que el libro mencionado solo describe la lucha hasta que una de las partes perdía sus armas o era físicamente incapaz de continuar (lo que ocurría a menudo, ya que se atacaban con objetos contundentes), otros creen que los jueces decidían cuándo terminaban las pruebas. Según otra teoría, los hombres ganaban si conseguían arrastrar a las mujeres al agujero, mientras que las mujeres ganaban si arrastraban a los hombres fuera de él. La única claridad que ofrece la historia es que quien ganaba la batalla también ganaba el litigio. En los juicios por divorcio, esto significaba que si ganaba la parte que proponía el divorcio, podía separarse de su cónyuge. Si el vencedor era el cónyuge que no quería el divorcio, la pareja debía permanecer unida.

43. Bellezas sin pelo

Las tendencias de belleza van y vienen, por lo que la historia ha visto algunas prácticas y hábitos extraños. La Edad Media, además, estuvo plagada de las tendencias más extrañas, motivadas por las razones más desconcertantes. A diferencia de las mujeres modernas, que ponen mucho énfasis en las pestañas y cejas gruesas y de aspecto saludable, en la Edad Media, menos era más. Las mujeres querían un vello facial claro, fino y apenas visible, así que las que tenían vellos más gruesos se los arrancaban todos para conseguir un bello aspecto. En una época, el rostro ovalado estaba de moda, lo que obligaba a las mujeres a «remodelar» su cara depilándose también la línea del cabello. Cuanto más altas, mejor, hasta el punto de que algunas mujeres parecían hombres calvos de mediana edad. Quitarse las pestañas y las cejas acentuaba aún más la frente calva y se consideraba un signo de riqueza y estatus, ya que solo la nobleza tenía tiempo para depilarse.

44. Ser gracioso valía la pena en la corte medieval

Los señores y damas de la corte medieval eran miembros muy respetados de la sociedad, y quienes les faltaban al respeto se enfrentaban a castigos espantosos. Desde flagelos corporales hasta la muerte, las sentencias para los infractores de la corte variaban según el delito y el país. Incluso quienes solo eran sospechosos sufrían los castigos y rara vez se les daba la oportunidad de demostrar su inocencia. Un grupo de personas estaba exento de esta regla: los bufones de la corte. Puede que tuvieran uno de los peores uniformes de trabajo de la historia (ya que llevaban sombreros con forma de orejas de burro), pero los bufones de la corte gozaban de numerosos privilegios. Podían hablar libremente de lo que quisieran, ya que lo que decían se consideraban «bromas». Aprovechando esta libertad y su capacidad para entretejer los insultos más creativos en sus actuaciones, a menudo compartían su descontento con los miembros de la corte y sus opiniones políticas prohibidas. No solo podían salirse con la suya, sino que además les pagaban generosamente.

45. Cómo se condenó a los gatos negros

No es sorprendente que el alarmismo que rodea a los gatos negros provenga de la Edad Media. Todo empezó con una insólita publicación del papa Gregorio IX en 1232. Llamado *Vox in rama*, el documento detallaba las prácticas de las brujas que vivían en el norte de Alemania. Aunque no está claro cómo se enteró Gregorio de estos rituales, los describió con gran detalle, explorando cada secreto de estos cultos. Por ejemplo, reveló los hechizos que utilizaban las brujas para invocar al mismísimo diablo. Escribió sobre un inusual ingrediente secreto que necesitaban para completar estos y muchos otros hechizos: besar a un gato negro. Gregorio afirmaba que las brujas adoraban a los gatos negros, lo que inició el rumor de que estos animales estaban asociados a la magia negra. Pronto surgieron historias de gatos negros utilizados en los rituales de los cátaros y los valdenses y se empezó a perseguir a los gatos de este color. Al igual que los inquisidores eran enviados por la Iglesia para capturar a los herejes, los cazadores de gatos eran contratados para erradicar toda la población felina. Tras un trabajo concienzudo, los cazadores redujeron la población felina de Roma a niveles cercanos a la extinción. Irónicamente, la escasez de gatos provocó la superpoblación de ratas en la ciudad, que desempeñaron un papel masivo en el brote de varias enfermedades que más tarde diezmaron a la población humana de la ciudad, incluida la peste negra.

46. El extraño juicio del papa Formoso

El papa Formoso fue sometido a juicio por su sucesor
Biblioteca Municipal de Trento, CC0, vía Wikimedia Commons:

El papa Formoso tuvo la desgracia de ser juzgado por su sucesor en el año 897. Lo que hizo que esta circunstancia, ya de por sí inusual, fuera aún más peculiar, fue que Formoso ya llevaba muerto casi un año en el momento de su juicio. Sin embargo, su sucesor, el papa Esteban VI, hizo desenterrar su cuerpo y lo llevó a la basílica de San Juan de Letrán en Roma. Allí, Esteban VI presentó varios cargos contra Formoso, realizó discusiones acaloradas y finalmente condenó al ya muerto, dictando una extraña sentencia que constaba de varias partes. En primer lugar, a Formoso se le retiraron las vestiduras papales y se le cortaron los dedos. Después, fue enterrado de nuevo, desenterrado y arrojado al Tíber. Poco después, los partidarios de Formoso empezaron a rumorear que su cuerpo había sido arrastrado hasta las orillas, que había resucitado y que había empezado a hacer milagros. Se volvieron contra Esteban VI, lo capturaron, lo encarcelaron y finalmente lo mataron. La Iglesia no hizo nada para detenerlos porque, para entonces, Esteban VI ya había sido excomulgado (despojado de todas las bendiciones y privilegios espirituales proporcionados por la Iglesia). Esteban VI ya era conocido por hacer cosas extrañas, e incluso se rumoreaba que estaba implicado en escándalos de corrupción y otros delitos que rodeaban a la Iglesia católica (algunos dicen que este juicio demencial fue su forma de desviar la atención de sus delitos). Este acto fue la gota que rebasó la copa. Su sucesor, Teodoro II, anuló el veredicto emitido contra Formoso y prohibió los juicios contra cadáveres.

47. Cruzadas dirigidas por niños

Las Cruzadas, las guerras santas de la Iglesia católica, fueron uno de los momentos más oscuros de la Edad Media. Lo más extraño de ellas es que a menudo los niños se unían voluntariamente y lideraban tropas en la batalla. Después de que Felipe de Francia le negara el permiso para unirse a la misión, Esteban, de doce años, unió sus fuerzas a las de Nicolás, un niño de edad similar, reclutando a miles de niños para que se unieran a las Cruzadas. Esteban y muchos otros niños que se unieron afirmaban haber recibido la llamada del propio Cristo y consideraban que su deber era ayudar a recuperar Tierra Santa. Sin embargo, la mayoría de los niños ni siquiera llegaron a los campos de batalla, pero tampoco regresaron a casa. Algunos fueron víctimas de un naufragio cuando el barco en el que viajaban hacia Tierra Santa quedara atrapado en una feroz tormenta. Los demás cometieron el error de embarcar en naves que los llevaron a Egipto, donde fueron vendidos como esclavos.

Algunos niños del grupo de Nicolás llegaron a Roma, pero no está claro qué les ocurrió. Al igual que el resto de los niños que se unieron a las Cruzadas, fueron olvidados por la Iglesia y por la mayor parte del mundo. Solo hace unas décadas, cuando los historiadores que investigaban las Cruzadas se tropezaron con la mención de niños soldados y regimientos enteros dirigidos por niños, se reconoció su devoción y valentía.

Preguntas para reflexionar

1. ¿Qué opina de que personas y animales tuvieran que sufrir horripilantes juicios para demostrar su inocencia en la Edad Media?

2. ¿Cree que el Tribunal de los Amores era un medio eficaz para resolver los asuntos del corazón, o solo era una fuente de entretenimiento para la nobleza?

3. ¿Qué opina de los cuestionables edictos y actos de los papas en la Edad Media?

4. ¿Qué cree que llevó a miles de niños a unirse a las sangrientas guerras de las Cruzadas?

Capítulo 5: El Renacimiento: las desconcertantes prácticas del mundo moderno (1300-1600 d. C.)

Los albores del Renacimiento marcaron el comienzo de la ilustración europea, a medida que la comunidad europea se alejaba a pasos firmes de la oscuridad de la Edad Media. La palabra francesa *renaissance* se traduce como «renacer». El Renacimiento se manifestó en Italia antes de extenderse al resto de Europa. La moda y el arte mostraron saltos significativos en técnicas y resultados. Artistas como Miguel Ángel, Rafael y Leonardo da Vinci fueron célebres por sus excepcionales obras y representaciones inéditas de la vida de entonces.

Miguel Ángel fue célebre por sus representaciones de la vida durante el Renacimiento

Una de las principales razones del florecimiento del Renacimiento en Italia se debió a los acuerdos comerciales que se cerraron con Europa del Este y Asia, que trajeron mucha riqueza a Florencia. Estas riquezas situaron a varias familias en el poder, incluida la famosa familia Medici. Los Medici utilizaron sus finanzas para encargar a artistas obras públicas y privadas. Cuanto más dinero invertían en los artistas, más libertad tenían estos para perfeccionar su arte y competir entre ellos por el dinero, produciendo obras excepcionales que aún hoy causan admiración.

Otro suceso agridulce del nacimiento del Renacimiento es la peste negra. La enfermedad se cobró muchas vidas en toda Europa, pero cuando la economía empezó a recuperarse, menos gente luchaba por los empleos y las riquezas, lo que elevó el nivel social de la mayoría de la población.

Se renovó el interés por la cultura y la gente buscaba febrilmente educarse en todo lo que concernía a las civilizaciones humanas y al intelecto. Dicho esto, esta época no estuvo exenta de rarezas e historias fuera de lo común. Decir que había algunas creencias inusuales entre los habitantes de la Europa de la época es lo mínimo que debe reconocerse.

48. Sangre y huesos

Si hay algún entusiasta de los vampiros y los zombis por ahí, ¡preste atención!

El Renacimiento no solo fue conocido por su arte y cultura. Durante esta época, la práctica de beber sangre humana y darse un festín con los huesos, la grasa y los cráneos se consideraba un acto que promovía la buena salud. Se bebía sangre humana fresca, se untaba en el pan y se destilaban huesos humanos en licores muy codiciados. Puede sonar salvaje y bárbaro, ¡pero lo hacían todo para curarse!

Muchos defendían los beneficios para la salud de la sangre humana. Marsilio Ficino, un erudito y sacerdote italiano del siglo XV, afirmaba que si un anciano deseaba volver a reencontrarse con su juventud, debía beber la sangre de un adolescente. De este modo, recuperaría la vitalidad de su juventud.

La sangre no solo se consumía bebiéndose directamente. La pulverizaban o preparaban mermeladas con numerosas propiedades curativas. Los huesos también eran usados para destilarlos. Se afirma que el rey Carlos II, que estaba interesado en la química y tenía un laboratorio, era aficionado a los huesos destilados convertidos en aguardiente por sus propiedades saludables. Era tan famoso que bautizaron a esa bebida como «las gotas del rey».

El arte y los artistas

Las obras maestras de algunos de los artistas más renombrados de la época del Renacimiento han resistido al paso del tiempo, cosechando la admiración de los espectadores y compitiendo con las formas de arte actuales, incluso superándolas.

Muchas obras de arte notables allanaron el camino a los artistas contemporáneos, como la *Mona Lisa* y *La Última Cena* de Leonardo da Vinci, *El Jardín de las Delicias* del Bosco, el techo de la Capilla Sixtina y el *David* de Miguel Ángel o la *Madonna del Prato* de Rafael. Los minuciosos detalles y la atención prestada a cada pincelada de los cuadros y a cada corte cincelado en las piedras de las esculturas son testimonio de su brillantez y su arte sin parangón.

Sin embargo, como todas las cosas en la vida, nadie es perfecto, e incluso estos grandes nombres tienen algunas contribuciones peculiares a la historia que a menudo se pasan por alto porque su arte supera a su reputación personal.

49. Leonardo da Vinci

Nacido como Leonardo di ser Piero da Vinci, también era conocido por ser músico e inventor, no solo artista. Tenía una larga lista de innovaciones, entre ellas el paracaídas y el boceto inicial en el que se cree que se basan los helicópteros actuales. Sin embargo, puede que mucha gente no sepa que el genio no fue a la escuela en absoluto. El joven artista aprendió a leer, escribir y hacer cuentas sencillas, pero reunió el resto de sus conocimientos por sí mismo a través de la experiencia. Toda una proeza, dado que sus logros han perdurado siglos después de su muerte.

Su mente inquisitiva y su interés por todo lo que le rodeaba, especialmente la vida natural, como los comportamientos de las aves rapaces y las propiedades del agua, influyeron en muchas de las obras de su vida. Se interesó tanto por el cuerpo humano como por los animales, diseccionando y realizando autopsias para tratar de entender qué los hacía funcionar. Fue uno de los pioneros en cartografiar con precisión los músculos y los sistemas vasculares.

Por otro lado, su mente dio paso a algunas excentricidades cuestionables. Al hombre del Renacimiento le gustaba escribir al revés. A su muerte, se descubrieron 6.000 páginas de diarios en los que detallaba sus inventos, ideas y listas de mercado. Sin embargo, muchas de ellas estaban escritas al revés.

Para descifrar lo escrito, se debe sostener el diario frente a un espejo y así comprender los pensamientos de Leonardo. Aunque muchos teorizaron que este método de documentación se utilizaba como una especie de código o cifrado, se presentó una explicación más sencilla, y es que intentaba evitar que las letras se emborronaran entre sí. Leonardo era zurdo; si hubiera escrito de izquierda a derecha, lo más probable es que las palabras se hubieran mezclado, dado que la tinta utilizada en la época no se secaba tan rápido. Solo quería ser ordenado. Otra explicación posible es que era disléxico y ambidiestro, lo que significa que podía dibujar con una mano y escribir al revés con la otra.

Al examinar más detenidamente sus diarios, se descubrió un dato intrigante sobre el inventor: posiblemente era vegetariano. Era un amante de los animales y a menudo criticaba la moralidad de su consumo. Según Giorgio Vasari, da Vinci tenía la costumbre de comprar pájaros para liberarlos.

50. Miguel Ángel Buonarroti

Conocido sobre todo por su maestría al crear la estatua del *David* (a partir de un trozo de mármol desechado) que se alza orgullosa en Florencia, la vida de Miguel Ángel no estuvo exenta de giros interesantes. Buonarroti tenía un amplio abanico de talentos: pintura, escultura, arquitectura y poesía. Era común en la época no centralizarse en una sola profesión, evitando cualquier atisbo de aburrimiento o rutina.

Miguel Ángel era tan prodigioso que produjo dos de sus obras maestras a la temprana edad de quince años: *La Virgen de la Escalera* y *La Batalla de los Centauros*.

La mayoría de la gente no sabe que la mente que creó el techo de la Capilla Sixtina pertenecía a un hombre mezquino y malhumorado al que no le faltaban rivales. Además, empezó su carrera con falsificaciones.

Al principio de su carrera, Lorenzo de Medici le encargó la escultura de un Cupido en estilo griego. Lorenzo sugirió a Buonarroti que enterrara la estatua en la arena, dándole un aire de autenticidad para venderla por un precio más alto. Tras aceptar el plan y desenterrar la estatua que habían enterrado, la vendieron por una importante suma de dinero al cardenal Raffaele Riario. Poco después del engaño, el cardenal identificó la estatua como una réplica y recuperó su dinero. Irónicamente, el trabajo de la estatua era tan detallado y bello, que el impresionado cardenal invitó a Miguel Ángel a una reunión en Roma y le encargó *La Piedad*, lo que supuso el lanzamiento de su carrera artística.

Miguel Ángel tuvo muchas rivalidades. Una de ellas acabó con su nariz rota y desfigurada para el resto de la vida. Se dice que el joven Pietro Torrigiano, provocado por los comentarios ofensivos de Miguel Ángel, le dio un puñetazo en la cara y le aplastó la nariz. Torrigiano describió el incidente diciendo: «Le di un golpe tan fuerte en la nariz que sentí cómo el hueso y el cartílago se desmoronaban bajo mis nudillos como una galleta, y se llevará esta marca a la tumba».

Los celos jugaron un papel muy importante en su rivalidad con otro conocido artista, Rafael. En un esfuerzo por acabar con la carrera de Miguel Ángel, Rafael convenció al papa Julio para que lo contratara a él para pintar la Capilla Sixtina, diciendo que el enorme encargo sería demasiado abrumador para Buonarroti y que, en lo que se refería al arte de la pintura, Rafael era la mejor opción. Esta teoría se apoyaba porque la reputación de Miguel Ángel hasta entonces era la de ser un escultor excepcional sin demasiada experiencia pictórica. Sin embargo, finalmente contrataron a Miguel Ángel, que aunque reacio al principio, aceptó el encargo y pasó cuatro largos años acostado en un andamio pintando el techo, dando lugar a una de las obras maestras más admiradas del mundo moderno hasta nuestros días. Añadió un pequeño detalle a la obra, pintando su propia imagen en el techo como San Bartolomé.

Miguel Ángel pintó el techo de la Capilla Sixtina

Otra rivalidad interesante que acabó con una mezquina venganza del artista se produjo durante su trabajo en el cuadro *El Juicio Final*. Recibió la visita del papa Pablo III con su séquito, que incluía a Biagio da Cesena, el maestro de ceremonias. Biagio no se privó de dar su opinión sobre la obra de Buonarroti. Le disgustaba la cantidad de figuras desnudas que aparecían y afirmó que solo era apta para colgar en un bar. No sabía que esas palabras ofensivas no quedarían impunes. En retribución, Miguel Ángel pintó a Biagio como el juez de las almas del infierno, Minos. Esto puede parecer una venganza no tan dura, hasta que el espectador se da cuenta de que lo pintó rodeado de serpientes que intentaban activamente arrancarle a mordiscos sus partes íntimas.

Miguel Ángel no era particularmente aficionado a la higiene personal. Odiaba bañarse y no se cambiaba de ropa muy a menudo, hasta el punto de que, cuando murió, debieron cortar sus ropas para separarlas del cuerpo.

También recibió encargos de nueve papas para varias obras de arte y trabajó hasta la misma semana de su muerte. Aunque no podía moverse, daba instrucciones a otros desde lejos. Murió a los 88 años, una vida mucho más larga de lo habitual en la época.

51. Jerónimo Bosch

El Bosco nació en Holanda en el seno de una familia de pintores. Johannes Thomas Zoon van Aken, su abuelo, fue un pintor de renombre en la primera mitad del siglo XV. Puede que el nombre del Bosco no suene tanto como el de Miguel Ángel o da Vinci; sin embargo, fue un revolucionario y puede que haya dado forma al arte contemporáneo tal y como se conoce hoy en día.

Estaba muy influido por su formación religiosa, algo que las representaciones de sus cuadros llevan consigo. Su imaginación también desempeñó un papel importante en su arte. No solo incluía referencias cristianas, como el cielo y el infierno, sino que también tenía la costumbre de inventar criaturas monstruosas y maravillosas, incorporándolas a su obra. Inventaba sus propias interpretaciones de la *Biblia* y prefería su propia visión a la hora de presentarlas en lugar de inspirarse en las obras de arte realizadas por pintores del pasado. Este enfoque le valió el título de «pintor de sueños».

Sus cuadros eran una hermosa mezcla de santidad e idiosincrasia. Su arte solía ser bastante grande, por lo que se dividía en trípticos (un cuadro de tres partes). El más famoso de todos es *El jardín de las delicias.*

El tríptico no era un cuadro cualquiera de una fiesta, sino una visión artística que documentaba la boda de la hija del conde Enrique II de Nassau. El Bosco quería plasmar en su lienzo los «beneficios y peligros» del matrimonio. A la izquierda, Adán y Eva en el Edén. En el centro, se muestra un paraíso hedonista y en el extremo derecho el infierno abrasador que espera a los pecadores. No hace falta decir que las ideas del pintor sobre el matrimonio eran un poco extremas. Pero esto no era todo. En el marco exterior del cuadro, dibujó el origen o el nacimiento del mundo. Concretamente el tercer día de la creación, cuando se formó el «paraíso terrenal» en colores grisáceos. En la esquina superior izquierda estaba su interpretación de Dios sosteniendo un libro abierto con la inscripción en latín: «Porque habló, y fue; mandó, y fue».

El Bosco dio rienda suelta a su imaginación. En el panel izquierdo, dibujó a otro Dios joven oficiando el matrimonio de Adán y Eva. A su alrededor había animales, árboles y criaturas míticas, con una magnífica estructura flotando en un lago. El panel central también estaba poblado de las increíbles criaturas del Bosco, ilustrando el desarrollo del Jardín del Edén. El Bosco optó por mantener a las figuras desnudas para indicar la representación antes de la expulsión de la humanidad del cielo. Sin embargo, incluyó muchas referencias al pecado, aunque en forma de fresas e instrumentos musicales, previendo el eventual descenso de la humanidad al infierno y la condenación. En el panel derecho, los instrumentos musicales se ven e interpretan como herramientas de tortura. Se cree que el cuadro podría haber incluido un autorretrato en el centro, donde hay un hombre árbol muy parecido al propio artista observando la escena.

Sin duda, el sentido del humor del Bosco era bastante negro, teniendo en cuenta que eligió esta caótica y magnífica obra para regalar a los recién casados.

Las iglesias de huesos

Otro hecho extraño del Renacimiento, quizás el más llamativo de todos, es que se consideraba normal que las iglesias estuvieran adornadas con huesos y cráneos humanos. Estas iglesias y capillas estaban por todas partes, muchas de ellas siguen en pie hoy en día.

52. La iglesia de los huesos de Kutna Hora

Conocido en la República Checa, el Osario de Sedlec es un espectáculo con una historia bastante insólita.

Este lugar da un nuevo significado a la afirmación «construido con sangre y sudor», salvo que también hay huesos. La iglesia es una declaración de que el arte puede ser realizado por humanos y con humanos.

Decenas de miles de personas fueron enterradas en el cementerio de esa iglesia. Los niveles inferiores estaban destinados a albergar los huesos enterrados. Esto fue antes de que surgiera la increíble idea de convertir huesos de humanos muertos en piezas decorativas. Según la leyenda, la idea fue propuesta por un monje medio ciego.

El osario de Sedlec se encuentra en la pequeña ciudad de Kutna Hora. Al entrar en él, los visitantes ven huesos en las paredes, colgando del techo, sosteniendo los bombillos y adornando vitrinas. Fémures, tibias y pirámides de cráneos cubren casi todas las superficies visibles.

La historia es más o menos así: en 1278, un sacerdote regresó de Jerusalén con un frasco de «tierra sagrada». La tierra se esparció por la zona, convirtiéndola en un lugar propicio para los enterramientos. En el siglo siguiente ocurrieron dos cosas: la peste negra azotó Europa y tuvieron lugar las guerras husitas. El recuento de cadáveres fue enorme, hasta el punto de que no había sitio para enterrar a más personas en esa zona.

Alrededor de 1400 se construyó un nuevo cementerio, la iglesia de Todos los Santos, lo que hizo que se desenterraran algunos de los cadáveres y se guardaran sus huesos bajo la iglesia.

Pasó otro siglo y se decidió que todos los cuerpos debían ser desenterrados y almacenados en el Osario para su custodia.

Entonces, ¿quién decidió crear las obras maestras de huesos? Se cree que el monje medio ciego dispuso los huesos y cráneos iniciales en forma de pirámide y este acto le devolvió la visión.

El resto del despliegue artístico de huesos lo realizó un tallador de madera llamado Frantisek Rint. Por qué alguien pensó que era una buena idea y quién tomó la decisión de exponerlos así sigue siendo un misterio. Sin embargo, la intención de los artistas y de quienes tomaron la decisión era honrar a los muertos.

53. Santuario di San Bernardino alle Ossa

En el año 1142 se construyeron un hospital y un cementerio en Milán (Italia). Los médicos tardaron 702 años en darse cuenta de que debían lavarse las manos. En 1210, ya no había espacio para enterrar a los muertos en el cementerio. Se encontró la solución de construir una pequeña capilla para guardar en ella los huesos de los difuntos. En 1269, se erigió una iglesia junto al osario. En 1679, Giovanni Andrea Biffi renovó la estructura y, en el proceso, decidió utilizar los huesos humanos guardados en el osario como piezas de decoración, concretamente los cráneos y las tibias.

Es un poco difícil para el público encontrar la iglesia, ya que hay dos al lado. Una está adornada con huesos humanos y la otra tiene un sacerdote que dirige las misas con una guitarra, por lo que parecen una representación del yin y el yang.

54. Las catacumbas de París

París es una de las mayores ciudades del mundo y alberga osarios llenos de huesos humanos, concretamente seis millones de cadáveres. Estas catacumbas datan de la época romana.

En un día lluvioso de la primavera de 1780, el cementerio de los Santos parecía una escena de *The Walking Dead* debido al desbordamiento de cadáveres. En septiembre, ya no se permitía enterrar más cadáveres en *Les Innocents* ni en ningún otro cementerio de París. Los cuerpos fueron desenterrados y los huesos trasladados a las catacumbas.

Al comienzo del traslado, las catacumbas se llenaron de montones desordenados de huesos desechados. En 1810, Louis-Etienne Hericart de Thury tomó la decisión ejecutiva de transformar el caos en un museo. Louis tenía algo de dramático. Le gustaba apilar los fémures y cráneos siguiendo patrones inquietantes, con adornos y carteles que decían: «Alto, este es el imperio de la muerte». También hizo una sala especial en la que exhibía las deformidades esqueléticas de las catacumbas.

Algunas personas pueden ver esto como una exhibición de mal gusto de los muertos, pero no todos comparten este sentimiento. En 2004, la policía parisina encontró una sala de cine con una gran pantalla, asientos y proyector, un bar y un restaurante dentro de una de las catacumbas.

55. Los autómatas del Renacimiento

Algunas personas creen que los albores de la automatización, la robótica y el interés por lo mecánico no empezaron hasta el siglo XX. No podrían estar más equivocados.

En el siglo XV comenzó a gestarse un verdadero interés por los autómatas, con diversas obras de arte, dispositivos e inventos desarrollados de la mano de algunos de los inventores más renombrados, como Leonardo da Vinci.

Se atribuye al filósofo y matemático francés René Descartes el mérito de despertar el interés del mundo por este campo. Teorizó que la anatomía de los animales no era más complicada que la de las máquinas y que las funciones aparentemente más complicadas podían reproducirse fácilmente con herramientas mecánicas.

Las manos del inventor alemán Johannes Müller von Königsberg crearon artilugios maravillosos, entre ellos un águila mecánica y el asombroso pájaro de madera que consiguió hacer volar desde Konigsberg (Nuremberg) para saludar al emperador Maximiliano y regresar.

También era impresionante el león mecánico de Leonardo da Vinci, creado en honor a Luis XII, que podía mover la cola, abrir la boca y levantarse sobre las patas traseras.

En el museo Smithsonian se encuentra un monje mecánico del siglo XVI que se atribuye a Juanelo Turriano. El pequeño aparato puede mover la cabeza, la boca y las extremidades, golpearse el pecho y poner los ojos en blanco. Todo ello es posible gracias a un resorte de llave totalmente oculto en el cuerpo del pequeño monje.

Preguntas para reflexionar

1. ¿Cómo cree que surgió la creencia de que ingerir huesos y sangre favorecía la salud? ¿Cuál fue el detonante y quién se atrevió a probarlo primero y a fomentarlo?

2. Si las familias de los fallecidos hubieran estado vivas en el momento en que se desenterraron los huesos y se utilizaron para decorar las iglesias, ¿cree que se habrían sentido halagadas u horrorizadas por el uso de los restos de sus seres queridos?

3. ¿Qué cree que representan las criaturas míticas del Bosco y qué las inspiró? ¿Puede ser que realmente fuera el pintor de los sueños,

limitándose a plasmar en el lienzo lo que veía en sueños?

4. ¿Cree que el ego de Miguel Ángel era justificado, o que su talento era superado por otros artistas de su época?

Capítulo 6: La Ilustración: avances extraños (1600-1800 d. C.)

A pesar de ser un periodo caracterizado por sus avances intelectuales, la Ilustración fue una época de historias interesantes, inusuales y francamente extrañas. Empezando por las historias del gran engaño lunar y el mesmerismo, este capítulo reflexiona sobre algunas de las afirmaciones más extravagantes que se hicieron durante este periodo. La historia de las ancas de rana mutiladas y la del papel de las vacas en el desarrollo de vacunas son insólitas, pero no por ello dejan de reflejar descubrimientos científicos de increíble trascendencia. La confirmación del sistema copernicano por Galileo y la explicación de la gravedad por Newton son los cimientos de las teorías científicas modernas, aunque su importancia también radica en el hecho de que iban en contra del conocimiento aceptado en aquella época. Lo mismo cabe decir de las ideas de Voltaire, Hobbes y Locke, que, como se describe en los relatos siguientes, contribuyeron a sentar las bases de la sociedad y las creencias políticas modernas. Las dos últimas historias describen cómo se descubrió el microscopio y cómo un nuevo aparato sirvió como extraña forma de entretenimiento durante la Ilustración.

56. La locura del gran engaño lunar

En 1835, el diario neoyorquino «The Sun» empezó a publicar una serie de artículos en los que se describían las investigaciones de John Herschel, reputado astrónomo e hijo de William Herschel, cuyo nombre está ligado al descubrimiento de Urano. La primera de las seis entregas de esta serie comenzaba con el joven Herschel construyendo un enorme telescopio para estudiar los cuerpos planetarios. A continuación, se describía cómo Herschel utilizaba este aparato para corregir y resolver muchos problemas matemáticos con los que se encontraban los astrónomos de la época. Sin embargo, la afirmación más desconcertante de los artículos era que Herschel había descubierto pruebas fehacientes de vida en la Luna. Además, esta vida no era en forma de fósiles o agua congelada, como los científicos esperaban encontrar. Los artículos describían el hallazgo de Herschel como el mayor descubrimiento a este respecto, y después se conoció como el Gran Engaño Lunar. Al mirar por su telescopio, Herschel supuestamente había visto aves inusuales con formas similares a los humanos, grullas de pico largo, criaturas parecidas a cabras que bailaban juguetonamente, bisontes en miniatura y muchas otras formas de vida que parecían más sacadas de una película o un libro de ciencia ficción.

Se dice que John Herschel descubrió vida en la Luna

Según se supo más tarde, el gran descubrimiento nunca se produjo y tampoco fue autorizado por John Herschel. Los artículos fueron fruto de la vívida imaginación y las increíbles dotes de redacción del escritor británico Richard Adams Locke, quien, tras llegar a trabajar en The Sun, buscaba una forma de aumentar las ventas. Locke afirmó que nunca había pensado que tanta gente creería la historia. Su intención era crear una serie satírica para parodiar los trabajos de astrónomos aficionados que hacían afirmaciones igualmente extravagantes durante sus «investigaciones». Aunque al principio pretendió aclarar la verdad, la enorme cantidad de ventas que generaron sus historias impidió a Locke hacerlo. No solo muchas personas las creyeron, sino que algunas congregaciones religiosas incluso empezaron a organizar expediciones misioneras para trabajar en la Luna. Una persona que desacreditó las historias fue el escritor Edgar Allan Poe. Aunque reconocía que incluso los científicos afirmaban que encontrar vida en la Luna era posible y estaba muy impresionado por la capacidad de Locke para escribir, Poe no quería darle crédito, ¡porque creía que se parecía demasiado a una historia suya!

57. El mesmerismo, el mundo del magnetismo animal

El magnetismo animal, también conocido como mesmerismo, era un método curativo del siglo XVIII que se basaba en la armonía con la naturaleza y sus fuerzas invisibles. Fue inventado por el médico alemán Franz Anton Mesmer, que afirmaba utilizar los poderes de un fluido magnético universal para curar y restaurar. Según Mesmer, este fluido se encontraba en todos los seres vivos y les afectaba por igual. Manipulando este fluido dentro de un cuerpo mediante imanes, podía restablecer el equilibrio del organismo y curar cualquier enfermedad.

Mesmer experimentó con este método en París, donde afirmó tener éxito aliviando el dolor de las personas sin tocarlas. Simplemente manipulando el fluido con imanes, podía afectarlas a distancia, incluso a través de las paredes. Lo presentó como una forma de tratamiento masivo para cualquier enfermedad o afección. Como París era la ciudad que más rápidamente seguía los avances científicos y las tendencias modernas durante la Ilustración, el mesmerismo se ganó rápidamente la aprobación de las masas. Sin embargo, cuando Mesmer intentó obtener la validación de la Facultad de Medicina, la Real Sociedad de Medicina y la Real Academia de Ciencias, se topó con un muro. Estas instituciones no solo no estaban convencidas de las afirmaciones de Mesmer, sino que el rey Luis XVI creó la Comisión Real específicamente para investigar la ciencia que las sustentaba. Como era de esperar, los miembros de la comisión tuvieron dificultades para demostrar la existencia de este misterioso fluido. No sabían dónde buscarlo, cómo acceder a él ni cómo medir sus propiedades. Según Mesmer, el fluido solo podía ser detectado por los sentidos del ser que lo contenía y otras personas solo podían encontrarlo fijándose en su efecto. Por todas estas razones, la comisión decidió que el verdadero efecto del mesmerismo residía en el poder de la sugestión y no en un razonamiento científico válido. La comisión destacó el hecho de que las personas que creían estar bajo el efecto del mesmerismo entraban en un estado de trance visible. Además, a menudo afirmaban sentir los efectos curativos del magnetismo animal a distancia, incluso cuando no se les enviaba nada. Aceptando estos hechos como meros ejemplos de las expectativas y la imaginación de los sujetos, la Comisión Real descartó los imanes animales como método de tratamiento válido.

58. Las ancas de rana mutiladas

En un experimento pionero realizado en 1786, el físico y médico italiano Luigi Galvani colgó varias ranas muertas, sujetándolas por las espinas dorsales con un gancho metálico. Para su sorpresa, mientras colgaban, uno de los ganchos entró accidentalmente en contacto con una placa de hierro por la que corría electricidad, y las ancas de las ranas empezaron a moverse. Aunque ya estaba realizando experimentos sobre el movimiento muscular en animales disecados, el descubrimiento de que podían cobrar vida con la electricidad fue solo una coincidencia fortuita. Haciendo difusa la frontera entre la vida y la muerte en la opinión pública, Galvani empezó a alardear públicamente de su descubrimiento, describiendo cómo se producían los espasmos y contracciones de las ancas de rana. Pronto, otros científicos iniciaron experimentos similares, aunque ya no se limitaron a las ancas de rana. Utilizaron animales más grandes cuyos cuerpos hacían que el efecto fuera aún más impactante. Algunos incluso experimentaron con cuerpos humanos (vivos y muertos), investigando si se trataba de una fuerza vital que fomentaba la vida en los seres vivos. Galvani denominó a este fenómeno electricidad animal, pero posteriormente fue rebautizado como galvanismo en honor a su descubridor.

59. De las vacas a los humanos

Las enfermedades infecciosas han asolado a la humanidad desde el principio de los tiempos. Mientras investigaba la viruela, el médico inglés Edward Jenner tropezó con un descubrimiento fortuito. Al ser una enfermedad altamente infecciosa, la viruela solía afectar a familias y comunidades enteras. Sin embargo, Jenner se dio cuenta de que no todos los que estaban cerca de enfermos de viruela se enfermaban. Al preguntar a los familiares de las víctimas de la viruela sobre su historial médico, Jenner descubrió que los que no contraían la viruela habían padecido la viruela vacuna anteriormente. Creyó firmemente que estas personas estaban inmunizadas contra la viruela. Inoculó a varias personas sanas con material procedente de pústulas de viruela vacuna y, tras esperar a que finalizara el periodo de inoculación, las infectó con viruela. Como los candidatos no desarrollaron la enfermedad, Jenner demostró su teoría y la eficacia de la inoculación con pequeñas cantidades de material biológico del patógeno causante de la infección.

60. Galileo confirma el sistema copernicano

Como pionero de la Revolución Científica, Galileo Galilei entró en los libros de historia al demostrar el sistema heliocéntrico, confirmando que la Tierra (al igual que cualquier otro cuerpo planetario) se mueve alrededor del Sol. La idea de que el Sol es el centro del universo no era nueva. Había sido desarrollada por primera vez por el astrónomo polaco Nicolas Copérnico durante el siglo XVI. Todo comenzó cuando Copérnico se topó con una antigua creencia griega que afirmaba que el Sol representaba el centro y la fuerza motriz del universo.

Galileo confirmó la teoría de Copérnico
https://commons.wikimedia.org/wiki/File:Galileo.arp.300pix.jpg

Tras estudiar el movimiento de los distintos planetas por el cielo durante veinticinco años, Copérnico llegó a la misma conclusión. Sin embargo, dado que esto iba en contra de las creencias religiosas bajo las que operaban la mayoría de los eruditos de la época, Copérnico sabía que su teoría sería rechazada. Por mucho que estuviera respaldada por el sentido común, no tenía una forma clara de explicar por qué los planetas se movían como lo hacían, en lugar de la creencia popular, según la cual los movimientos de los cuerpos celestes estaban regidos por Dios, creador de la Tierra. Aunque los puntos de vista seguían siendo similares cuando Galileo empezó a defender esta teoría, las cosas estaban a punto de cambiar. A diferencia de Copérnico, Galileo tenía acceso a telescopios (los construyó siguiendo un modelo ideado por unos fabricantes de lentes holandeses que también habían inventado microscopios) y a datos matemáticos recogidos por Tycho Branch, otro científico interesado por la teoría copernicana. Además de descubrir cuatro lunas orbitando alrededor de Júpiter y que la luna de la Tierra tenía una superficie irregular, Galileo observó que los movimientos planetarios apoyaban la teoría heliocéntrica (frente a la geocéntrica, ampliamente aceptada).

Estos controvertidos descubrimientos provocaron conflictos con la Iglesia, porque iban en contra de su autoridad y sus enseñanzas. Temiendo que la gente empezara a creer en teorías como ésta y cuestionara otras enseñanzas religiosas, las autoridades eclesiásticas advirtieron a Galileo que dejara de difundir las ideas de Copérnico. A pesar de ello, en 1632 publicó el *Diálogo sobre los dos principales sistemas del mundo,* que exponía las mismas ideas. Esta muestra pública de apoyo a la teoría copernicana llevó a Galileo a un juicio ante la Inquisición. A pesar de que se retractó públicamente de apoyar la teoría heliocéntrica, Galileo permaneció prisionero en su propia casa cerca de Florencia. Galileo, que seguía empecinado en conservar su derecho a creer que el Sol era el centro del universo, lo miraba fijamente día tras día desde el amanecer hasta el anochecer, hasta que se quedó ciego. Con el tiempo, los científicos empezaron a alejarse de las creencias tradicionales y a adoptar nuevos enfoques de la metodología científica. Debido a esta intensa separación entre ciencia y religión, la confirmación del sistema copernicano por parte de Galileo también fue aceptada.

61. Newton explica la ley de la gravedad

En una época en la que la gente creía que todas las fuerzas de la Tierra y del universo eran controladas por Dios, la teoría de la gravedad de Isaac Newton fue una revelación chocante y un tanto inoportuna. Sin embargo, Newton estaba preparado para explicar cómo funcionaban las fuerzas gravitatorias y cómo afectaban a todos los objetos por igual. Para ello, recurrió a numerosos principios matemáticos establecidos por científicos muchos años antes.

Como explicó en su libro *Los principios matemáticos de la filosofía natural,* publicado en 1687, llegó a esta conclusión cuando descubrió que las mismas fuerzas que controlaban el movimiento de los cuerpos planetarios influían en todo lo que ocurría en la Tierra. La ley de la gravitación universal de Newton explicaba que todo objeto atrae a otro, describiendo el universo entero como un reloj masivo. También pudo demostrar matemáticamente cómo funcionaban juntas todas las piezas de este reloj. Sin embargo, para evitar ser condenado por sus ideas radicales, Newton añadió que Dios no controlaba este mecanismo, sino que era su creador. Desgraciadamente, esta última afirmación hizo que sus colegas científicos vacilaran en considerar sus ideas durante un breve periodo de tiempo. Sin embargo, pronto llegó el momento en que la gente se dividió en cuanto a las creencias científicas. Después de todo, muchos científicos estaban dispuestos a aceptar ideas combinadas que no eran tan radicales como algunos de los otros descubrimientos científicos de la época, sin apegarse rígidamente a las creencias tradicionales, sino aceptando términos medios.

62. La lucha de Voltaire contra la intolerancia

A medida que avanzaba la Ilustración, muchas noticias falsas similares al engaño de la Luna se convirtieron en hechos cotidianos, para disgusto de quienes estudiaban para encontrar ideas progresistas que contribuyeran al beneficio de todos. Uno de ellos era François Marie Arouet, más conocido como Voltaire. Voltaire tenía muy buenas razones para utilizar un seudónimo en lugar de su nombre propio. A lo largo de sus más de setenta publicaciones, a menudo arremetía contra el gobierno, la aristocracia, los líderes religiosos y todos aquellos que manipulaban al público, ya fuera para desviar la atención de sus fechorías o para promover algo que solo les beneficiaba a ellos.

Tras las noticias falsas sobre un terremoto en Lisboa, que no eran más que sensacionalismo en los periódicos y que hacían ganar una fortuna a sus propietarios, Voltaire inició una polémica aún más dura. Envueltas en sátira, sus agudas opiniones le acarrearon problemas con las autoridades. Sin embargo, siendo el brillante pensador que era, negoció su exilio a Inglaterra, donde continuó su radical batalla contra la intolerancia e incluso se extendió para abrazar la libertad de expresión y las creencias religiosas. Afirmaba que, incluso cuando no estaba de acuerdo con las ideas de otra persona, la ayudaba de buena gana a defender su derecho a expresarlas. Aunque los guerreros de la justicia social como este son habituales en los tiempos modernos, durante la Ilustración la gente se alegraba de encontrar a alguien tan ferviente en su postura. Las ideas radicales de Voltaire le granjearon numerosos y poderosos enemigos, pero persistió.

Con el tiempo, él y otros pensadores y escritores que utilizaban sus plumas como armas contra la injusticia lograron el avance que estaban esperando. La gente despertó para ver los beneficios de la vida sin prejuicios, sin intolerancia hacia los demás y sin supersticiones basadas en ideas religiosas milenarias sin sustancia.

63. Hobbes y Locke: contratos sociales y derechos naturales

Los científicos no fueron los únicos que encontraron avances insólitos durante la Ilustración. Algunos de los más grandes pensadores del periodo expresaron sus ideas de formas nunca antes vistas, lo que elevó la conmoción que causaron con sus ideas innovadoras. Thomas Hobbes, por ejemplo, hizo una cita tras publicar su obra *Leviatán o La materia, forma y poder de un estado eclesiástico y civil*, en 1651. Muy decepcionado con el egoísmo y la maldad humana tras la guerra civil inglesa, Hobbes llegó a la idea de que se necesitaba un liderazgo fuerte para que la gente dejara de luchar entre sí. Vio la solución en que se cedieran los derechos de la población al gobernante, quien, a su vez, debía proporcionar orden y ley. Esto distaba mucho de la práctica de tener numerosos gobernantes, a la que tanto religiosos como laicos estaban acostumbrados desde hacía siglos. Según Hobbes, el líder necesitaba una autoridad absoluta, por lo que comparaba el poder que debía tener el gobernante con el del mítico Leviatán, el monstruo marino. Por supuesto que su idea escandalizó a los líderes religiosos de la época. Este poder absoluto podría imponer el orden, pero a cambio proporcionaría estabilidad y seguridad, creando lo que Hobbes denominó un contrato social.

Otro pensador de la Ilustración, John Locke, tenía una visión más optimista, que afirmaba que las personas nacen buenas y se apartan de sus valores positivos debido a malas experiencias. Sin embargo, si se les da una oportunidad, pueden volver a aprender la bondad y mejorar su comportamiento y disposición. Locke estaba en contra de la monarquía absoluta y defendía que las personas se gobernaran a sí mismas, ya que creía que este era el orden natural. Teorizaba que cada uno podía gobernar su vida y la de su sociedad porque nacía con derechos naturales. El derecho de las personas a la vida, la propiedad y la libertad les permitía actuar libremente y, según Locke, era tarea del gobierno garantizar que pudieran hacerlo. Creía que el gobierno debía tener una influencia limitada y que podía ser derrocado por el pueblo si era necesario. Por supuesto que esta era otra idea radical que iba en contra de las opiniones políticas que circulaban, por no mencionar los deseos de los líderes religiosos y civiles del momento.

A pesar de los intentos de las autoridades por oprimir las ideas de Locke y Hobbes, estas tuvieron un impacto monumental en las formas de pensamiento posteriores a la Ilustración, empezando por Rousseau, que esencialmente combinó ambas ideas y dio forma a lo que se convirtió en el fundamento de la democracia moderna.

64. De las gafas al microscopio

Óptico consumado, Zacharias Janssen experimentaba a menudo con diferentes lentes de aumento, lo que alimentó su curiosidad por investigar distintos usos de estos objetos. Estas lentes habían sido creadas para leer y habían mejorado mucho en el siglo XVI, pero fue necesaria la curiosidad de Janssen para que adquirieran nuevas funciones. Trabajando junto a su padre Hans, Zacharias descubrió que, sostenidas en el ángulo adecuado, las gafas de lectura podían mostrar cosas que no se podían ver a simple vista. Preguntándose cómo potenciar el efecto, Zacharias se lanzó a construir un dispositivo con varios lentes de aumento. Tal y como lo describió un amigo de Janssen, el diplomático holandés William Boreel, este dispositivo se colocaba sobre un trípode de latón, medía unos 60 centímetros de largo y se parecía a un delfín. Tenía un tubo de latón de una o dos pulgadas de ancho unido a una lente en un extremo y a un disco de ébano en el otro. Al principio, nadie prestó mucha atención al extraño invento de Janssen, porque nadie entendía lo que hacía. Sus amigos y conocidos lo consideraban un pasatiempo estrafalario hasta que Cornelis Drebbel, otro inventor holandés, lo vio y empezó a correr la voz entre sus amigos influyentes. Así se enteró también el médico de la corte francesa y empezó a preguntarse de dónde había salido el invento.

También se supo que Janssen construyó varios de estos aparatos, que más tarde recibirían el nombre de microscopios. Algunos tenían tres tubos que podían deslizarse, dos más pequeños y un tercero más grande. Cada tubo tenía diferentes lentes en sus extremos, lo que proporcionaba diversas capacidades de aumento. Los modelos más avanzados tenían un ocular biconvexo y aumentaban el tamaño de los objetos entre tres y nueve veces. Curiosamente, estos no tenían mecanismo de montaje, lo que significaba que Janssen podía llevarlos y probarlos donde fuera.

65. Experimentos extraños con bombas de aire

Cuando Otto von Guericke creó su primer prototipo de bomba de aire en 1650, no tenía ni idea de que serviría como una insólita fuente de entretenimiento aproximadamente una década más tarde. Todo empezó cuando Robert Boyle, hijo de un acaudalado noble de Cork, encargó un aparato para ver cómo funcionaba. Boyle, que era una persona de orientación científica, siempre estaba realizando experimentos, lo que lo llevó a pedir y obtener esta bomba de aire en 1659. Mientras entregaba la primera a la Royal Society, encargó dos más, esta vez con instrucciones específicas. Sin embargo, esto significaba que solo podía hacerlas funcionar con la ayuda de su fabricante, Robert Hooke. Así, el dúo hizo varias demostraciones públicas de este extraño invento, ideando experimentos que fueron muy criticados y a menudo cuestionables.

Además, como se describe en la publicación posterior de Boyle, *New Experiments Physico-Mechanical, Touching the Spring of the Air, and its Effects*, trabajar con este invento les enseñó mucho sobre las propiedades del aire. Probaron los efectos del aire normal y acondicionado sobre los barómetros, la combustión, el sonido e incluso el magnetismo. Boyle no se detuvo ahí. También empezó a probar cómo el aire acondicionado y la falta de aire afectaban a los seres vivos. Encerrando animales en un espacio confinado y sacando el aire de este espacio, demostró que los seres vivos necesitan aire para sobrevivir. El problema fue que después de su demostración pública, otros siguieron su ejemplo y empezaron a usar el experimento como una fuente de entretenimiento para vender. Este extraño método quedó inmortalizado en un óleo sobre lienzo de 1768 titulado *Experimento con un pájaro en la bomba de aire*, creado por Joseph Wright, de Derby. Además de las demostraciones públicas que hacían los científicos, cada vez más gente empezó a comprar sus propias bombas de aire y a hacer sus experimentos en casa por diversión.

Preguntas para reflexionar

1. Las noticias falsas sobre descubrimientos científicos siguen siendo habituales en los tiempos modernos. ¿Qué opina de este fenómeno?

2. ¿Los efectos reconstituyentes del mesmerismo podrían tener algo de cierto como método curativo alternativo?

3. ¿Qué opina de la lucha de Galileo, Newton y otros científicos de la Ilustración para demostrar teorías que iban en contra de las creencias religiosas?

4. ¿Qué opina sobre la importancia del contrato social y los derechos naturales como base de la sociedad democrática moderna?

Capítulo 7: La Inglaterra victoriana: vapor, intrigas y realezas surrealistas (1801-1900)

La era victoriana se desarrolló bajo el reinado de la reina Victoria y duró hasta su muerte. Este periodo cambió el curso de la historia en Gran Bretaña con nuevas y emocionantes innovaciones y descubrimientos. Fue una gran época para la nación, que se expandió y se convirtió en uno de los imperios más poderosos del mundo.

La época victoriana se desarrolló principalmente bajo el reinado de la reina Victoria
https://commons.wikimedia.org/wiki/File:Queen_Victoria_-_Winterhalter_1859.jpg

Fueron muchos los inventos que definieron la época, como las bicicletas, las máquinas de escribir, los automóviles y los teléfonos. Los ferrocarriles se expandieron, más gente se trasladó a las ciudades y el arte y la literatura florecieron. Algunos de los más grandes autores y poetas del mundo proceden de esta época, como Charles Dickens, Emily Brontë, Oscar Wilde y Elizabeth Browning.

La época victoriana estuvo llena de grandes momentos y detrás de cada uno de ellos hay historias asombrosas y extrañas.

66. El gran hedor

¿Se imagina vivir en una ciudad apestosa? Vaya donde vaya, no hay forma de escapar del mal olor. Esto es exactamente lo que vivieron los londinenses durante el siglo XIX.

El río Támesis de Londres es uno de los más grandes y significativos de la ciudad. Sin embargo, se utilizaba como vertedero de desechos humanos y animales. Los victorianos no predijeron lo peligroso que era su tratamiento del río hasta que fue demasiado tarde.

En el verano de 1858, el olor a excrementos humanos se extendió por todo Londres, dificultando la vida de todos. Fue uno de los pocos incidentes en los que ricos y pobres sufrieron juntos. Se le llamó «El Gran Hedor». Imagínese a las mujeres paseando por Londres con el pañuelo en la nariz, asqueadas, y a los hombres corriendo por la ciudad intentando llegar a casa lo más rápido posible para escapar del hedor.

No era solo el olor lo que molestaba a la gente, sino que el río se convirtió en un peligro para la salud. Hubo casos de vómitos y desmayos de personas cuando pasaban junto a él. Charles Dickens llegó a describirlo como «una cloaca mortal».

En esa época, Londres sufría uno de los veranos más calurosos jamás registrados. Incluso la reina Victoria describió el calor como «sofocante». Esto hizo que el hedor fuera mucho peor.

El olor llegaba hasta el Parlamento y hacía imposible que la gente siguiera con su trabajo. La única solución era empapar las cortinas en cloruro de cal para hacer tolerable el olor.

La situación seguía empeorando, así que los lores y los parlamentarios se reunieron y trataron de encontrar una solución. En julio de 1858 se arrojaron al río unas doscientas toneladas de cal de forma regular durante todo un año en un intento de desinfectar el agua.

Los ingleses no querían enfrentarse a problemas similares en el futuro, así que el gobierno contrató al ingeniero Joseph Bazalgette para crear un nuevo sistema de drenaje. Los victorianos dejaron de contaminar el Támesis y, en pocos años, se convirtió en uno de los ríos más limpios del mundo, que aún hoy abastece de agua dulce a toda la ciudad.

67. El cazador de ratas real de la reina Victoria

Los ríos apestosos no eran el único problema en la época victoriana, los británicos también sufrían una plaga de ratas. Estas pequeñas criaturas estaban causando graves problemas en todo el país al atascar los desagües, comerse las cosechas, asustar a mujeres y niños y transmitir enfermedades. Los agricultores empezaron a trabajar juntos para proteger sus tierras. También había «vigilantes de ratas» a los que la gente contrataba para que les ayudaran a deshacerse de su problema.

Sin embargo, un hombre destacó sobre los demás y quedó inmortalizado en la historia. Se convirtió en el enemigo número uno de las ratas; era el Superman del pueblo y las ratas su Lex Luther. Este hombre era Jack Black, cazador de ratas de Su Majestad, la reina.

Jack era un experto en ratas. No solo las cazaba, sino que hacía negocio criando algunos de estos animales de colores inusuales y vendiéndolos como mascotas. A muchos victorianos les encantaban las ratas y estaban dispuestos a pagar una gran suma de dinero por lo que él llamaba «ratas de fantasía». No había muchos otros criadores en el país, lo que hizo que los servicios de Jack fueran muy solicitados. Incluso la reina Victoria solicitó su ayuda.

Era tan bueno en su trabajo que todo el mundo sabía quién era. Se convirtió en una celebridad y la gente lo recomendaba diciendo: «Nadie puede eliminar tu problema de ratas como Jack Black». Su reputación parecía la de un superhéroe o un mago.

Jack no era un cazador de ratas cualquiera. Todo en él era fascinante. Tenía la habilidad de meter las manos en una jaula llena de ratas sin que lo mordieran. Vestía un chaleco escarlata a medida decorado con una hebilla en forma de rata, un abrigo verde y pantalones de cuero blanco. Su interesante atuendo llamó la atención del periodista Henry Mayhew, que publicó una columna sobre él en su serie enciclopédica.

El periodista lo describió como un hombre de unos cuarenta años, de pelo canoso y cejas oscuras y espesas, valiente y seguro de sí mismo. Su cuerpo estaba cubierto de cicatrices de las muchas ratas que había cazado. Le contó al periodista que le habían mordido en todo el cuerpo y que una rata le había arrancado el dedo.

Jack se tomaba su trabajo muy en serio y esto dio sus frutos cientos de años después, ya que la gente sigue hablando de sus logros.

68. La afición por las momias

Antiguamente, la élite tenía gustos y aficiones peculiares. En la época victoriana, la gente estaba fascinada, algunos incluso dicen que obsesionada, con el Antiguo Egipto. Estaban tan fascinados con las momias que organizaban «fiestas de desenvolvimiento». Hacían reuniones para ver cómo se desenvolvían las momias del Antiguo Egipto y entretener a sus invitados.

Esta fascinación comenzó en 1789, cuando Napoleón Bonaparte viajó a Egipto y despertó el interés de los europeos por la egiptología. En el siglo XIX, los ingleses empezaron a viajar a Egipto para traer momias antiguas reales para sus fiestas de desenvoltura.

El propósito de estas fiestas cambió con los años. Solían ser actos médicos públicos para que los doctores estudiaran los cadáveres. En 1834, el Dr. Thomas Pettigrew, por ejemplo, desenvolvió un cadáver del Antiguo Egipto en el Real Colegio de Cirujanos. Sin embargo, muchos creen que el elemento médico era una fachada y que este evento tenía principalmente fines de entretenimiento.

Más tarde, abandonaron la fachada médica y dejaron de fingir que desenvolvían las momias por motivos científicos. Se organizaban fiestas para el entretenimiento y la emoción. Los ricos presumían de su estatus comprando una momia cara y organizando un gran banquete con la mejor comida y bebida.

Tanto si se celebraban en público como en privado, nadie rechazaba nunca una invitación a estas lujosas fiestas. La emoción y el entusiasmo de ver cómo se desenvolvía un cadáver antiguo no tenían parangón.

Entonces, ¿por qué fascinaba tanto al pueblo inglés desenvolver momias? Bueno, muchos de ellos esperaban que la momia cobrara vida. Básicamente buscaban algo de acción.

69. Una alternativa al divorcio

En la época victoriana, el matrimonio era hasta que «la muerte nos separe». Solo los muy ricos podían conseguir el divorcio a través del parlamento, pero no era muy fácil. Sin embargo, el amor no siempre dura para siempre. La llama se apaga y la pasión muere. ¿Qué podía hacer un hombre que se había desenamorado de su mujer? Pues tenía que encontrar una alternativa para deshacerse de ella.

Un marino (o peón) de Stacksteads, Lancashire, extrañaba la vida de soltero y quería dejar a su mujer. Decidió ser creativo y encontrar la manera de separarse de ella sin divorciarse. ¿Qué hizo? Puso a su mujer en venta. Organizó una subasta para venderla al mejor postor. Y esto no fue todo, organizó la subasta en el domicilio conyugal.

Muchos curiosos se reunieron para observar. El marido se paró frente a ellos, disertando sobre cómo las mujeres eran más preciosas que los diamantes y el oro, esperando que sus palabras los impactaran y alguien pagara un alto precio por su esposa.

Solo un hombre estaba dispuesto a pagar un precio aceptable por la pobre mujer. Sin embargo, el marido era codicioso, así que ofreció a sus hijos en venta también para cerrar el trato, pero el hombre se negó.

No se sienta mal por la mujer. Estaba feliz de dejar a su horrible marido y empezar una nueva vida. Por suerte, el comprador no era un desconocido. Era su vecino.

Estas subastas sucedían con alguna frecuencia en la sociedad victoriana. Se convirtieron en la única forma en que los hombres podían separarse de sus esposas. Sin embargo, eran muy humillantes. Los maridos ponían cadenas de plomo a sus esposas y se paraban en un espacio público, básicamente diciéndole a todo el mundo que ya no las querían y que estaban buscando «compradores». Imagine cómo se sentían las mujeres en ese momento.

70. Los intentos de asesinato de la reina Victoria

La reina Victoria fue la segunda monarca británica que más tiempo reinó después de la reina Isabel II. Sin embargo, su reinado habría sido mucho más corto si algunos se hubieran salido con la suya. Hubo varios atentados contra su vida. Por suerte, sobrevivió a todos ellos. En 1840, un joven de 18 años llamado Edward Oxford atentó por primera vez contra la reina disparando contra su carruaje. Rápidamente fue detenido y acusado de alta traición.

En 1842, dos hombres dispararon contra la reina, pero fracasaron y fueron detenidos. En 1849, un inmigrante irlandés atacó su carruaje, pero fue desterrado durante siete años. El último atentado contra la reina tuvo lugar en marzo de 1882. Roderick Maclean, un poeta y un hombre problemático, intentó asesinar a la reina ocho veces, pero finalmente fue detenido y pasó el resto de su vida en un manicomio.

Todos estos incidentes no hicieron más que encariñar al pueblo con la reina Victoria y granjearle muchos partidarios.

71. Fotos de la muerte

Foto de familia victoriana *posmortem*
https://commons.wikimedia.org/wiki/File:Victorian_era_post-mortem_family_portrait_of_parents_with_their_deceased_daughter.jpg

Algunas historias son extrañas, pero esta es además espeluznante. Los victorianos sentían una extraña fascinación por la muerte. Es comprensible, ya que muchas enfermedades mortales como el cólera, el tifus, la rubéola, la difteria, la escarlatina y el sarampión eran comunes en aquella época. ¿Cómo afrontaban las familias la pérdida de un ser querido? ¿Guardaban algún recuerdo? Bueno, algunos lo hacían, mientras que otros recurrieron a algo más extraño.

En la época victoriana, la fotografía era todavía algo nuevo y no muy común. Solo unos pocos podían permitírsela. Por eso, solo utilizaban esta tecnología en ocasiones especiales o cuando ocurrían sucesos trágicos. Cuando perdían a un ser querido, inmortalizaban su recuerdo haciendo fotografías.

Probablemente piense que fotografiaban a sus seres queridos antes de morir para rememorar sus dulces recuerdos juntos. Pues bien, lo que ocurría era mucho más inquietante.

Cuando una persona moría, no la enterraban inmediatamente. La guardaban en casa para que la familia pudiera guardar luto y despedirse. Durante ese tiempo, escenificaban fotografías con los muertos. Los vestían como si estuvieran vivos y todos los miembros de la familia posaban con ellos. Los padres ponían a sus hijos muertos sobre su regazo y los niños posaban junto a sus padres muertos. Incluso pintaban ojos en las fotos para que parecieran vivos.

Estas fotos no solo eran espeluznantes, sino también trágicas. Imagine que la única foto que tiene de un ser querido es cuando está muerto.

72. Carrera de ladrón de tumbas

Hoy en día, las carreras más codiciadas son las de *youtuber* o *influencer*, pero durante la época victoriana, el robo de tumbas era bastante popular. Los estudiantes de medicina deben aprender sobre cadáveres, y en la edad victoriana no era diferente. Sin embargo, se enfrentaban a algunas dificultades. El gobierno solo les permitía utilizar los cadáveres de criminales que habían sido ejecutados.

En 1823, muy pocos delitos se castigaban con la ejecución, por lo que los estudiantes de medicina no encontraban suficientes cadáveres para practicar. Decidieron contratar a ladrones de tumbas, o resurreccionistas, como se les llamaba entonces, para que robaran cadáveres para ellos. Algunos pagaban por cada cadáver conseguido, mientras que otros mantenían a estos ladrones a sueldo. Los dentistas también contrataban resucitadores para robar dientes de los cadáveres.

Los cadáveres frescos eran muy solicitados, pero con el auge del robo de tumbas aumentó la seguridad en los cementerios, entonces los resucitadores tuvieron que ser creativos. En lugar de robar cadáveres frescos, mataban a las personas y entregaban sus cadáveres.

73. Los agapemonitas

Cuando se piensa en los victorianos, es común pesar en personas reservadas que no suelen expresar sus emociones. ¿Se imaginan su conmoción y desaprobación cuando una secta de amor libre llegó a Londres?

Un reverendo llamado Henry Prince afirmaba que estaba poseído y cada domingo ofrecía un espectáculo dramático para demostrar a la gente que algo lo dominaba. Los victorianos sentían curiosidad y muchos acudían a la iglesia cada semana para verlo.

Un día, dijo a la gente que había absorbido el espíritu del Señor. La iglesia respondió despojándolo de sus títulos, pero esto no puso fin a sus travesuras. Creó una secta de mujeres solteras, en su mayoría ricas, y las convenció de que le entregaran todas sus posesiones mundanas para poder comprar «La Morada del Amor». Se trataba de un grupo de casas de campo rodeadas por un muro de tres metros.

Sus principales donantes fueron las hermanas Nottidge, cinco hermanas solteras a las que casó con cinco de sus seguidores. Sin embargo, no se trataba de matrimonios ordinarios, sino espirituales. A los hombres y mujeres casados se les ordenaba permanecer célibes. Sin embargo, algunos de sus seguidores no acataban las normas.

De hecho, Prince no practicaba lo que predicaba. Solía realizar múltiples rituales sexuales en público. Uno de ellos fue con una virgen y tuvo lugar en una mesa de billar. Este acto lascivo lo hizo perder unos cuantos seguidores, pero la secta seguía en pie.

Está claro que Prince estaba loco. Llegó a afirmar que era inmortal, pero su muerte en 1889 demostró que estaba equivocado. John Hugh Smyth-Pigott ocupó su lugar y afirmaba que era el segundo advenimiento de Cristo y que era inmortal, pero murió en 1927. En 1956, la secta desapareció para siempre.

74. Medicina de cadáveres

La medicina de cadáveres es un tratamiento para todo tipo de enfermedades y es más inquietante de lo que cree. Los victorianos creían que consumir ciertas partes de un cadáver podía curarlos milagrosamente. Uno de los tratamientos más populares para la apoplejía consistía en mezclar chocolate con un cráneo humano. Sorpresa, sorpresa, no funcionaba.

Aunque este tipo de medicina era común en los siglos XVI y XVII, alcanzó su mayor popularidad en la época victoriana. Se publicaron muchos libros sobre el tema con recetas para preparar remedios a partir de cadáveres.

Los verdugos se beneficiaron mucho de este «negocio». Se enorgullecían de ser a la vez portadores de muerte y sanadores. Vendían la sangre de las personas que ejecutaban a los pobres que padecían diversas dolencias.

Debería agradecer que su médico lo mande a una farmacia y no a un verdugo.

75. ¿Fantasmas o alucinaciones?

La era victoriana fue una época de innovación y avances en diversas áreas. Uno de los mayores y más significativos inventos de la época fueron las lámparas de interior. La humanidad se alejaba poco a poco de la luz de las velas y acogía los primeros signos de innovación. Sin embargo, no fue gratis.

Estas luces funcionaban con gas y, como mucha gente las utilizaba, había una presión excesiva sobre las tuberías de gas, lo que provocaba incendios y explosiones. También se producían fugas de gases peligrosos en los hogares, como monóxido de carbono, azufre, hidrógeno y metano. Como la mayoría de las ventanas de la época estaban cubiertas con pesadas cortinas y no había una ventilación adecuada, el gas afectaba a la salud de las personas. Esto puede explicar por qué los victorianos se desmayaban mucho.

El gas también desprendía vapores tóxicos que provocaban alucinaciones. Muchas personas bajo los efectos del gas creían ver fantasmas. Esto llevó a la difusión de historias de fantasmas que muchos victorianos creían reales.

76. La montaña rusa romántica del rey Jorge IV

El rey Jorge IV era tío de la reina Victoria. Cuando nació, se convirtió en el príncipe de Gales. Era un joven encantador y educado, pero tuvo una vida amorosa muy escandalosa.

El rey Jorge IV era tío de la reina Victoria

De joven, conoció a Maria Fitzherbert, que había enviudado dos veces. Fue amor a primera vista para el príncipe, que le pidió que se convirtiera en su amante de inmediato. María se escandalizó por la petición, pues era católica y religiosa y se negaba a vivir en pecado. Así que el príncipe le pidió que se casara con él. Jorge se cortó delante de su amada en un arrebato de pasión para demostrarle que no podía vivir sin ella. María no tuvo más remedio que aceptar la propuesta del príncipe loco de amor.

En 1785, la pareja contrajo matrimonio, pero lo mantuvo en secreto porque el príncipe había infringido algunas normas para casarse con su amada. Los miembros de la realeza menores de veinticinco años debían pedir permiso al rey antes de casarse, cosa que él no había hecho, por lo que su matrimonio era ilegal. Además, María era católica y la ley prohibía a los católicos ocupar el trono. Esto iba a causar estragos cuando Jorge se convirtiera en rey. La reina debía sentarse en el trono al lado de su marido, pero la ley lo hacía imposible. Además, María era viuda y nunca sería aceptada por la familia real, que prefería novias vírgenes. Sin embargo, nada podía alejar al príncipe de la mujer que amaba, así que continuaron su romance durante muchos años. Jorge no era discreto y mucha gente sabía de su matrimonio secreto.

El príncipe tenía un gusto muy caro y gastaba su dinero en sus establos, agasajando a sus invitados y decorando sus casas. Esto le dejó una enorme deuda, por lo que no tuvo más remedio que pedir ayuda al Parlamento. Éste accedió, pero con una condición: debía abandonar a su esposa y casarse con su prima protestante Carolina de Brunswick. Jorge aceptó y abandonó a María.

Desde el momento en que Jorge vio a Carolina, quedó claro que su matrimonio fracasaría. En su primer encuentro, Jorge se emborrachó y Carolina consideró inaceptable su comportamiento. Tampoco le atraía físicamente, no le parecía guapo. El día de la boda, el príncipe no dejaba de beber.

El matrimonio no duró y la pareja se separó. El joven príncipe volvió rápidamente a los brazos de su amada María.

Los victorianos tenían costumbres muy peculiares. Desde las fiestas de despedida hasta sus fotos de la muerte y la medicina con cadáveres, así que es inevitable preguntarse qué más se desconoce de esta fascinante sociedad. Curiosamente, en una época que trajo al mundo algunas de las obras literarias e inventos creativos más increíbles de la historia, el pueblo seguía teniendo creencias y tradiciones incivilizadas. Sin embargo, esto es lo que hace intrigante a cualquier sociedad: siempre hay más de lo que se ve a simple vista.

Preguntas para reflexionar:

1. ¿Qué opina de las fiestas de desenvolvimiento y qué revelan sobre la moral de la élite victoriana?

2. Si el divorcio no fuera una opción, ¿qué haría para poner fin a su matrimonio?

3. ¿Qué le parece la historia de las «fotos de la muerte»? ¿Es espeluznante o trágica?

4. ¿Por qué cree que las mujeres solteras eran presa fácil para un hombre como Prince?

5. ¿Se comería una parte de un cadáver si eso le salvara la vida?

6. ¿Se casaría con alguien a quien no ama para complacer a su familia o para salir de una mala situación?

Capítulo 8: El siglo XX (1901-2000 d. C.)

El siglo XX es uno de los periodos más impactantes en lo que se refiere a cómo se ha configurado el mundo moderno. La invención de la World Wide Web, la clonación, la electricidad comercializada, las peleas públicas, los bebés probeta, la obsesión por los famosos y muchas otras cosas contribuyeron a que el siglo XX fuera una época de locos. La experiencia de aceleración tecnológica e industrial de la época creó nuevas plataformas de expresión y libertad que nunca antes habían existido. Este siglo también fue testigo de muchos grupos marginados exigiendo representación en la sociedad, lo que vino acompañado de cambios culturales revolucionarios. Por lo tanto, el siglo XX puede verse como una transición radical de los antiguos sistemas a lo que hoy se considera normal.

La valentía de experimentar, cuestionar y desafiar el *statu quo* son las características que definen a este siglo clave en el desarrollo humano. A medida que el mundo moderno se sumerge en el progreso tecnológico a un ritmo más rápido que nunca y las personas se comprometen con nuevos marcos culturales, queda claro que la sociedad contemporánea se forma principalmente a partir de finales del siglo XX. Los extraños sucesos que definieron el mundo desde 1900 hasta el 2000 deben tenerse en cuenta a la hora de examinar el progreso humano. Sumérjase en el desorden loco, inspirador e impactante del siglo XX para ver cómo el progreso, la libertad y la igualdad surgieron de entornos caóticos.

77. Tesla y Edison

Nikola Tesla prefería trabajar con corrientes eléctricas de CA
https://commons.wikimedia.org/wiki/File:Tesla_Sarony.jpg

Las enemistades públicas son muy comunes hoy en día porque grandes nombres publican imprudentemente en las redes sociales, pero el antepasado de las enemistades públicas relativamente modernas es la batalla entre Nikola Tesla y Thomas Edison. A diferencia de muchos pseudointelectuales y expertos políticos que se pelean en las redes sociales, Tesla y Edison eran dos genios legítimos. El principal desacuerdo entre ambos eran sus opiniones divergentes sobre la ciencia. Una de sus discusiones más destacadas era la preferencia de Tesla por trabajar con corriente alterna, mientras que Edison promovía el uso de corriente continua, inventada por él. Aunque en un momento dado Tesla trabajaba para Edison, este desacuerdo hizo que se restaran credibilidad el uno al otro constantemente en público.

El momento más curioso de su rivalidad tuvo lugar en 1903, cuando Edison electrocutó a un elefante para demostrar lo peligrosa que era la corriente alterna. El acto de matar animales con electricidad era habitual en las demostraciones itinerantes de Edison, pero el elefante del zoológico de Luna Park fue, con diferencia, el que más llamó la atención. Tesla murió sin un centavo debido a malas decisiones empresariales, mientras que Edison llegó a amasar una inmensa fortuna. Aunque los trucos de relaciones públicas de Edison eran impresionantes, su corriente continua pronto cayó en desuso y más hogares empezaron a instalar corriente alterna. Hoy en día, tanto Nikola Tesla como Thomas Edison son muy respetados en el ámbito científico por sus revolucionarias contribuciones a la tecnología.

78. La desaparición de Amelia Earhart

La trágica desaparición de Amelia Earhart se convirtió en un terreno fértil para especulaciones y teorías conspirativas que duró décadas. Earhart intentó la increíble hazaña de ser la primera mujer en cruzar el Océano Atlántico volando sola. Desapareció en 1937 y, aproximadamente un año y medio después, fue declarada muerta tras una intensa búsqueda llevada a cabo por el ejército. Earhart era una experta y famosa piloto que hizo una lucrativa carrera realizando numerosas acrobacias publicitarias. Nunca se encontró su cuerpo, por lo que muchos especularon sobre lo que le había ocurrido, sobre todo después de que el gobierno interrumpiera su búsqueda.

La explicación más lógica es que su avión se quedara sin combustible y se estrellara, pero eso era demasiado simple para que la gente lo aceptara como cierto, porque era una piloto increíble. Una de las teorías conspirativas más populares que surgió fue que Earhart había sido capturada por los japoneses, enemigos de Estados Unidos durante la Segunda Guerra Mundial. En los años 90, unos arqueólogos encontraron en las Islas Fénix unos huesos que, según ellos, podrían ser los restos de Earhart, pero esta teoría se cuestiona porque no se encontraron partes de avión cerca del hallazgo. Lo último en la saga de Amelia Earhart fue que el multimillonario Ted Waitt financió una expedición al fondo marino de la costa de la isla Howland en un intento de encontrar algunas partes del avión o incluso restos de Earhart. Hasta el día de hoy, nadie ha encontrado el avión ni su cuerpo, por lo que la fatal desaparición sigue envuelta en la oscuridad.

79. Beatlemanía y más allá

Resulta difícil entender la enorme popularidad de los Beatles, pero el hecho de que sus obsesivos fans crearan un fenómeno salvaje conocido como *Beatlemanía* da una pista. Los originarios de Liverpool procedían de un entorno humilde y se convirtieron en una de las bandas más influyentes de todos los tiempos. La obsesión por los Beatles alcanzó su punto álgido entre 1963 y 1966. La fama de la banda creció constantemente en Inglaterra y se extendió por todo el mundo con su actuación en directo en «The Ed Sullivan Show» en 1964. La Beatlemanía puede considerarse uno de los primeros momentos extraños de la cultura obsesiva de los fanáticos modernos hacia los famosos. A donde iban de gira, los Beatles eran recibidos por montones de fanáticos adolescentes, en su mayoría mujeres, que hacían cualquier cosa por ver a sus ídolos favoritos.

En el apogeo del fenómeno de la Beatlemanía, apenas podían tocar en los conciertos. Sus fanáticos gritaban tanto durante toda la actuación que no se podía oír la música. Imagínese ir a escuchar a un grupo y en su lugar oír gritos frenéticos sin pausa durante una hora. Los seguidores del grupo compraban cualquier cosa relacionada con The Beatles, desde fiambreras hasta pósteres y ropa, mientras las chicas declaraban qué integrantes de la banda eran sus favoritos. A partir de entonces, la cultura de los fanáticos se convirtió en un elemento básico del mundo del espectáculo, con la adoración de las *boy bands*, desde los Backstreet Boys de los 90 hasta las estrellas del K-Pop de hoy en día. Internet alimenta las obsesiones de los fanáticos porque la gente siente que tiene más acceso a la vida de las celebridades, pero todo empezó en los años sesenta con la banda británica que definía un género, llevaba un corte de pelo en honguito y era adorable.

80. El perro de dos cabezas de Christiaan Barnard

Christiaan Barnard fue un cirujano sudafricano que realizó con éxito el primer trasplante de corazón en 1967. El paciente vivió dieciocho días y falleció de una neumonía bilateral. Los aportes de Barnard al campo de la medicina tuvieron un gran impacto en el desarrollo de los trasplantes de órganos y las operaciones de corazón. Sin embargo, como suele ocurrir, los grandes hombres tienen algunas excentricidades. Barnard atribuyó gran parte del desarrollo de los trasplantes a Vladimir Demikhov, un cirujano ruso que había creado un perro de dos cabezas y logrado enormes avances en cirugía cardíaca. Concretamente, era la primera persona en realizar un *bypass* coronario en un mamífero. La confianza y arrogancia de Barnard lo llevaron a recrear inmediatamente el experimento del perro de dos cabezas, que paseó por la facultad de medicina de la que el médico formaba parte. Nadie sabe exactamente por qué el afamado cirujano lo hizo, salvo para demostrar que podía.

Tal vez fuera una forma de adoración a su héroe, pero el acto éticamente reprobable de crear un perro de dos cabezas no tenía ninguna utilidad médica para Barnard. Aunque se necesita mucha habilidad técnica para crear semejante abominación, no está claro por qué alguien querría hacerlo. Teniendo en cuenta que Barnard era un cirujano respetado y serio, parece algo fuera de lugar que se dedicara a este tipo de experimentos. Una vez realizado su primer trasplante de corazón, Barnard fue aclamado internacionalmente y viajó por todo el mundo para mostrar a los cirujanos cómo repetir su éxito. Hubo muchas muertes en el camino debido a cirujanos menos cualificados que intentaron lo que hacía Barnard con una formación y preparación inadecuadas. El camino hacia las maravillas médicas siempre está lleno de pérdidas trágicas, pero estos sacrificios impulsaron al mundo hacia una era más avanzada en medicina.

81. La oveja Dolly

Puesto que ya tiene en mente perros de dos cabezas, quizá un buen complemento es hablar de ovejas clonadas. El biólogo Ian Wilmut clonó una oveja Finn Dorset utilizando sus glándulas mamarias. En 1996, Dolly nació como una maravilla científica. Cuando la oveja fue revelada al público, causó un frenesí mediático. Algunos temían que la ciencia fuera demasiado lejos y otros celebraban las posibilidades que ofrecía este avance. El cuerpo de Dolly se encuentra ahora en el Museo Nacional de Escocia, en Edimburgo. Aunque Dolly no era la primera oveja que el equipo de Wilmut clonaba en el Instituto Roslin, lo que la hacía especial era que había sido clonada utilizando células de un espécimen adulto, lo que hasta el momento no era posible según los investigadores.

La oveja Dolly era un clon

Toni Barros de São Paulo, Brasil, CC BY-SA 2.0 https://creativecommons.org/licenses/by-sa/2.0,
vía Wikimedia Commons: https://commons.wikimedia.org/wiki/File:Dolly_face_closeup.jpg

La clonación de Dolly fue importante porque abrió el conocimiento sobre cómo utilizar las células madre en diversas aplicaciones médicas. Después de todo, las células adultas habían sido capaces de producir una oveja completamente desarrollada y funcional. El proceso de clonación no fue perfecto, ya que Dolly envejeció más rápido que otras ovejas. Los científicos que trabajaron en el proyecto creen que pudo deberse a las células adultas que se utilizaron en el proceso de clonación. La existencia de Dolly plantea muchas cuestiones éticas en la medicina sobre hasta dónde van los límites morales aceptables de la exploración científica. Dolly dio a luz a unos cuantos corderos antes de morir a causa de un virus que provocaba cáncer de pulmón en las ovejas y que muchos de los animales del instituto habían contraído. Las aplicaciones de la clonación y de la investigación con células madre vinculadas al proceso continúan hoy en día, ya que se buscan formas novedosas de combatir dolencias y enfermedades que asolan a diversos seres vivos.

82. Bebés probeta

De la experimentación animal en forma de perros de dos cabezas y ovejas clonadas, vamos a pasar a la biología humana. En 1978, Louise Brown nació como el primer «bebé probeta» del mundo. Louise Brown nació mediante un proceso llamado fecundación in vitro, o FIV, que consiste en fecundar fuera del útero óvulos extraídos de los ovarios de una mujer para crear embriones. Hoy en día, muchas parejas que tienen problemas para concebir o personas con problemas médicos que hacen peligroso un embarazo recurren a la FIV. La expresión «bebé probeta» da lugar a ideas erróneas sobre el proceso de FIV porque crea la imagen de un bebé que crece en un laboratorio, pero el proceso funciona de forma muy diferente. Los embriones fecundados mediante FIV se implantan en el útero de la madre, que da a luz al bebé nueve meses después.

El público conoció a Louise Brown y a su familia a través de un documental titulado *To Mrs Brown... A Daughter* (*A la Sra. Brown... una hija*) que emitió la ITV. Lo que realmente cautivó al público era lo normales que parecían los padres, Lesley y John Brown, quienes eran conservadores y llevaban un hogar típico de los años setenta. Sin embargo, no todo el mundo estaba de acuerdo con el nacimiento atípico de Louise. Los líderes religiosos plantearon objeciones porque temían las implicaciones teológicas que tenía aceptar estas prácticas y consideraban que un bebé nacido de esta forma era «antinatural». Louise sigue viva y concibió a sus propios hijos. También publicó una popular biografía que recoge los detalles de su interesante existencia titulada *«Louise Brown: mi vida como el primer bebé probeta del mundo»*.

83. La World Wide Web

El invento más importante del siglo XX es sin duda la World Wide Web. Teniendo en cuenta cómo se utiliza hoy en día, resulta chocante que estuviera pensada para que científicos, universidades e investigadores compartieran información a larga distancia. Hoy se utiliza para discusiones sin sentido en línea, hacer difusión de teorías conspirativas, analizar chismes de famosos y para que los influencers estafen a sus seguidores convenciéndolos de comprar criptomonedas sin valor. Tim Berners-Lee inventó esta tecnología mientras trabajaba para el CERN, en 1989. Berners-Lee nació en Londres, de padres informáticos, así que estaba destinado a tomar ese camino desde su nacimiento. Desde pequeño, Berners-Lee se interesó por los artilugios y jugaba constantemente con maquetas de trenes, ya que su mecánica le parecía intrigante.

En lugar de optar por la vía empresarial y tratar de vender «Internet» y controlarlo para ganar miles de millones, Berners-Lee fue un auténtico revolucionario que quiso que todo el mundo tuviera acceso a esta tecnología para que floreciera plenamente y se convirtiera en el invento que cambió la forma de vivir. El instituto CERN puso el código a disposición de los usuarios sin que tuvieran que pagar derechos de autor, lo que permitió a varios genios aprovechar la idea y expresar su creatividad con este nuevo medio. Los principios fundamentales que se desarrollaron cuando surgió la web siguen vigentes hoy en día, ya que Internet es una tecnología descentralizada que cualquiera puede utilizar sin el permiso específico de una empresa. Internet cambió radicalmente la forma de compartir, producir y consumir información, que pasó de los conglomerados mediáticos de gran presupuesto y las instituciones gubernamentales a manos de la gente corriente.

84. La masacre racial de Tulsa

En las décadas que siguieron a la abolición de la esclavitud, los afroamericanos empezaron a ascender socioeconómicamente y a establecerse como personas autónomas y ambiciosas. Construyeron muchas ciudades prósperas y algunos se convirtieron en empresarios exitosos. El barrio de Greenwood, en Tulsa (Oklahoma), era tan próspero que llegó a conocerse como Black Wall Street. Las calles estaban repletas de negocios como tiendas de comestibles, consultorios médicos y clubes nocturnos. El fin de la esclavitud no significó el fin de la intolerancia, por lo que muchos blancos de los alrededores sentían celos de la prosperidad que experimentaban las comunidades negras como Tulsa. Esto avivó tanto su odio que organizaron un grupo de personas fuertemente armadas para expulsar a la población negra de Tulsa y destruir todos los negocios.

Muchas personas murieron en la horrible masacre, que demostró que la lucha por exigir la igualdad de la población negra estaba lejos de haber terminado. Los medios de comunicación locales y nacionales encubrieron la atrocidad y las organizaciones históricas nacionales o estatales no la registraron, haciendo la pérdida aún más devastadora. Muchos de los residentes huyeron, pero los pocos que se quedaron mantuvieron vivo el recuerdo de Greenwood en susurros. Hoy en día, Greenwood es un faro de potencial para el crecimiento económico y la liberación de los negros, así como un símbolo de la opresión sistémica a la que siguen enfrentándose los afroamericanos. Se desconoce el número de personas que murieron en la revuelta, pero las estimaciones oscilan entre setenta y trescientos. Es casi imposible determinar la verdadera cifra de muertos porque muchas personas fueron enterradas en tumbas sin nombre.

85. Protestas contra la guerra de Vietnam

Protestas contra la guerra de Vietnam

Durante la Segunda Guerra Mundial, el apoyo público a las tropas estadounidenses fue inigualable, los civiles hicieron muchos sacrificios personales para apoyar el esfuerzo bélico y muchas obras de arte se usaron como propaganda militar positiva. Sin embargo, no puede decirse lo mismo de la impopular guerra de Vietnam. El mundo acababa de salir de una guerra mundial unas décadas antes y la gente no estaba dispuesta a repetir la devastación que dejó miles de heridos y muertos en ambos bandos. La guerra de Vietnam pretendía detener la expansión de un gobierno comunista que acababa de derrotar a las fuerzas coloniales francesas. Muchos ciudadanos estadounidenses que habían visto a sus soldados regresar del servicio dañados y traumados y que habían visto imágenes de la catastrófica destrucción que se produjo como consecuencia de la ocupación estadounidense, consideraron esta guerra inaceptable.

En el punto álgido de la guerra, los soldados se volvieron drogadictos y apáticos. El movimiento hippie Flower Power era principalmente antibelicista, aunque también se caracterizaba por el consumo de sustancias alucinógenas ilícitas. A su regreso, los veteranos de la guerra de Vietnam hablaban del odio que sentían, afirmando que la gente les gritaba e incluso les escupía. Algunos soldados se unieron al movimiento de protesta a su regreso, tras haber sufrido lesiones mentales y físicas a causa de la guerra. Artistas y músicos también se sumaron y produjeron canciones clásicas de protesta como *What's Going On*, de Marvin Gaye o *Imagine*, de John Lennon. La guerra terminó oficialmente en 1973 debido a la constante narrativa que había en su contra, así como a la disminución de los beneficios de continuar la lucha.

86. El miedo a los rojos

Tras el final de la Segunda Guerra Mundial, la Unión Soviética y Estados Unidos entraron en la Guerra Fría, que consistía en que las dos superpotencias emergentes no se fiaban la una de la otra. Se libraron guerras por poderes en todo el mundo mientras los sistemas económicos y políticos del comunismo y el capitalismo se enfrentaban. En la década de 1940, así como a principios de la de 1950, el temor de que los comunistas se apoderaran de Estados Unidos y las amenazas nucleares se convirtieron en una preocupación constante para la población y el gobierno estadounidense.

El senador estadounidense Joseph R. McCarthy inició una cruzada contra quienes creía que eran infiltrados y promovían el comunismo en las costas estadounidenses. McCarthy acusó a famosos, funcionarios públicos e intelectuales de ser traidores comunistas. También creó una táctica de silenciamiento, miedo y represión política conocida como «macartismo». El abogado Joseph Welch, junto con algunos colegas de McCarthy, puso fin a las tácticas intimidatorias del senador en las audiencias Ejército-McCarthy. Durante el «miedo a los rojos», el comunismo fue demonizado y sigue siendo muy mal visto en la política estadounidense hasta el día de hoy. Muchas personas instalaron búnkeres contra explosiones nucleares en sus casas e hicieron simulacros de seguridad nuclear en las escuelas, temiendo un ataque de la Unión Soviética. Las tácticas del miedo a los rojos están resurgiendo lentamente a medida que China se convierte en una amenaza política y económica para EE. UU.

87. El pánico satánico

Mientras que el miedo a los rojos tuvo una fuerte influencia política, el pánico satánico fue más bien un movimiento social. En los años ochenta y noventa, la cultura fue impregnada de un creciente temor a que se dirigiera propaganda satanista y ocultista a los niños. Las falsas acusaciones de abusos en rituales satánicos en los que se obligaba a participar a la gente mediante hipnosis iniciaron una reacción contra todo lo que se consideraba demoníaco.

Comenzaron a extenderse teorías conspirativas según las cuales los iconos de la música rock escondían mensajes en sus canciones que se revelaban reproduciendo sus discos al revés. Los juegos de mesa como *Calabozos y dragones* también fueron objeto de críticas por sus imágenes místicas y temas mágicos. Mucha gente salió a la calle a quemar libros, juegos y discos en protesta contra el demonio que perseguía a sus hijos. Este tipo de histeria colectiva sigue vigente hoy en día, con gente que cree que músicos y actores forman parte de cultos satánicos devoradores de bebés.

88. Disturbios de Stonewall

El siglo XX fue una época de reformas sociales masivas en torno a la raza y la cultura. La comunidad LGBT también formó parte de estas reformas al empezar a exigir sus derechos. El movimiento por los derechos de los homosexuales comenzó con lo que hoy se conoce como los disturbios de Stonewall. Después de que la policía hiciera una redada en un club llamado The Stonewall Inn en Greenwich Village, Nueva York, comenzó un motín en respuesta a la brutalidad que sufría la comunidad LGBT. Los disturbios iniciaron una reacción en cadena que alimentó las protestas durante la semana siguiente. En aquella época, las relaciones entre personas del mismo sexo eran ilegales en Nueva York. El activismo que siguió a la revuelta de Stonewall cambió la vida de las personas LGBT, que ya no tienen que sufrir la opresión legal de antes.

Preguntas para reflexionar

1. ¿Por qué cree que la sociedad cae en frenesíes conspirativos como el miedo a los rojos o el pánico satánico?

2. ¿Hasta dónde cree que deberían llegar los científicos a la hora de experimentar con la vida? ¿Deben trazarse líneas éticas?

3. ¿Cómo afecta la organización y la voluntad pública a la formulación de políticas gubernamentales?

4. ¿Cree que el culto a los famosos es bueno o malo para la sociedad? ¿Por qué lo cree?

Capítulo 9: Dilemas digitales: momentos extraños desde la era tecnológica hasta nuestros días (2000-Actualidad)

El siglo XXI ha traído consigo notables avances tecnológicos y una eficiente conectividad global. Desde la proliferación de los teléfonos inteligentes hasta el auge de las redes sociales y la aparición de la inteligencia artificial, este mundo ha experimentado una transformación digital como no se había visto en siglos anteriores. Sin duda, estas innovaciones han traído consigo comodidad, eficiencia y la promesa de un futuro mejor. Sin embargo, en medio de estos increíbles avances, también han surgido retos y rarezas que definen la era moderna.

El siglo XXI ha sido testigo de la aparición de la inteligencia artificial

Este capítulo le invita a navegar por este laberinto digital en constante evolución. Destaca las peculiaridades que han surgido en medio de los revolucionarios avances tecnológicos. En el viaje a través de estos momentos extraños y cautivadores, será testigo de la extraordinaria creatividad de la era digital y se enfrentará a los dilemas y rarezas que han surgido junto a los progresos sin precedentes. Así pues, prepárese para explorar lo inesperado en esta fascinante odisea a través de las maravillas digitales.

Preparando el terreno para el siglo XXI

El siglo XXI ha sido una época de avances tecnológicos sin precedentes. He aquí un resumen de algunos de los avances clave que han dado forma a esta era:

- **Rápidos avances en la comunicación:** La llegada de Internet, unida a la creación de los teléfonos inteligentes, conecta a las personas de todo el mundo como nunca antes. La comunicación se ha vuelto instantánea, lo que permite salvar distancias geográficas y compartir información a la velocidad de la luz.
- **La revolución de las redes sociales:** Las redes sociales como Facebook, Twitter, Instagram y TikTok han revolucionado la forma de interactuar y compartir la vida. Estas plataformas han creado un paisaje social virtual en el que las tendencias, las noticias y las opiniones se difunden rápidamente, influyendo en el discurso público y moldeando la cultura.
- **Inteligencia artificial (IA):** El auge de la IA ha transformado sectores que van desde la sanidad a las finanzas. En la actualidad, las tecnologías basadas en la IA lo dirigen todo, desde asistentes de voz como Siri y Alexa hasta autos autoconducidos y análisis predictivos. Estos avances prometen una mayor eficiencia y comodidad, pero también plantean cuestiones sobre la privacidad y la ética.
- **Auge del comercio electrónico:** Las compras en línea y los gigantes del comercio electrónico, como Amazon, han revolucionado la forma de comprar. La comodidad de pedir productos con un clic ha transformado el comercio minorista, pero también ha planteado preocupaciones sobre el impacto en las empresas locales y la explotación de los trabajadores en la economía.

89. Las peculiaridades en medio de los avances

Aunque el siglo XXI ha aportado innovaciones tecnológicas disruptivas, también ha introducido retos y rarezas peculiares:

- **La adicción digital:** Con la conectividad constante que ofrecen los teléfonos inteligentes y las redes sociales, muchas personas se enfrentan a la adicción digital. La compulsión por comprobar las notificaciones, desplazarse por las interminables historias y ver contenidos en línea de forma compulsiva ha suscitado preocupación por sus impactos en la salud mental y las relaciones reales.
- **Desinformación y noticias falsas:** La facilidad con la que se difunde la información en Internet ha dado lugar a la

desinformación y las noticias falsas. Separar los hechos de la ficción se ha convertido en un reto diario que afecta al discurso público e incluso influye en las elecciones y las políticas públicas.

- **Preocupación por la privacidad:** A medida que ha avanzado la tecnología, también lo ha hecho la preocupación por la privacidad digital. La recopilación y monetización de datos personales por parte de las empresas tecnológicas ha suscitado debates sobre el derecho a la intimidad de las personas y la necesidad de una sólida normativa de protección de datos.
- **Aislamiento social:** Aunque la gente está más conectada que nunca en Internet, paradójicamente muchas personas experimentan aislamiento social en su vida física. El atractivo de las relaciones virtuales y las interacciones digitales reduce el compromiso social cara a cara.
- **Estrés inducido por la tecnología:** El bombardeo constante de información y la presión para mantenerse al día de las últimas tendencias y avances en el mundo de la tecnología han contribuido al estrés inducido por la tecnología. Este estrés puede manifestarse como ansiedad, FOMO (miedo a perderse algo, por sus siglas en inglés) o agotamiento.

90. Elon Musk y sus tuits: un fenómeno al descubierto

Elon Musk es el visionario detrás de Tesla

Elon Musk, el enigmático empresario y visionario detrás de empresas como Tesla, SpaceX y Neuralink, es un nombre que resuena en el mundo de la tecnología como ningún otro. Su influencia se extiende mucho más allá de las salas de juntas y los laboratorios y una de sus herramientas más potentes para dar forma a la narrativa es Twitter (ahora llamado X). Es hora de sumergirse en el fenómeno Elon Musk, explorar su impacto en la industria tecnológica y examinar cómo sus tuits se han convertido en poderosos catalizadores del cambio y la conversación.

El fenómeno Elon Musk

La trayectoria de Elon Musk desde que cofundó Zip2 en los años 90 hasta convertirse en consejero delegado de varias empresas ha sido extraordinaria. Se le considera un pionero de los vehículos eléctricos, la exploración espacial y el futuro de la interacción con las computadoras. Su incesante búsqueda de innovación y sus audaces objetivos, como colonizar Marte, lo han convertido en un ícono de la era tecnológica.

Sin embargo, no son solo sus empresas innovadoras las que han cautivado la imaginación del público, sino también su capacidad para relacionarse con el mundo a través de Twitter. Los tuits de Musk son una mezcla única de anuncios, humor y una visión sin filtros de su mente. Su cuenta de Twitter, con millones de seguidores, se ha convertido en una ventana digital al mundo de un magnate de la tecnología moderna.

Tuitear los mercados

Los tuits de Elon Musk han trascendido las meras publicaciones en las redes sociales. Se han convertido en potentes impulsores de las dinámicas del mercado y la cultura de Internet. He aquí algunos casos concretos en los que sus tuits han causado olas en el mercado bursátil y han desencadenado fenómenos masivos en Internet:

1. **La montaña rusa del precio de las acciones de Tesla:** Los tuits de Musk sobre Tesla, su empresa de autos eléctricos, han tenido un impacto notable en el precio de sus acciones. En 2018, Musk tuiteó sobre llevar a Tesla a un mercado privado a 420 dólares por acción, lo que provocó que las acciones se dispararan. Este tuit también provocó investigaciones regulatorias y desafíos legales. Sus tuits sobre la valoración y los objetivos de producción de Tesla siguen influyendo en el precio de las acciones.

2. **Tuits sobre criptomonedas:** Los tuits de Musk sobre criptomonedas como Bitcoin y Dogecoin han provocado importantes fluctuaciones en el mercado. Su apoyo a Bitcoin provocó una subida de su precio, mientras que sus críticas al impacto medioambiental hicieron que cayera en picada. Los tuits humorísticos de Musk sobre Dogecoin, creada originalmente como un meme, la impulsaron hasta convertirla en una criptodivisa con un importante número de seguidores.

3. **GameStop y el «*Gamestonk*»:** Durante el frenesí bursátil de GameStop, a principios de 2021, Musk tuiteó «¡¡¡*Gamestonk*!!!» junto con un enlace al foro WallStreetBets de Reddit. Este tuit llamó más la atención sobre la subida de las acciones impulsada por los inversores minoristas y popularizó aún más los memes de Internet en torno a la inversión en la bolsa, creando un encuentro único entre la cultura online y las finanzas.

La influencia de un tuit

Los tuits de Elon Musk van más allá de la dinámica del mercado y los memes. Tienen profundas implicaciones para el mundo de las finanzas, la cultura online y otros ámbitos:

1. **Volatilidad de los mercados:** La capacidad de Musk para mover los mercados con un solo tuit ha suscitado dudas sobre el papel de las redes sociales en el comercio de acciones. Los reguladores están cada vez más atentos a la posible manipulación de los precios de las acciones a través de plataformas en línea.

2. **Compromiso en línea:** La presencia de Musk en Twitter ha contribuido a una tendencia más amplia de personas influyentes que utilizan las redes sociales como un canal directo para interactuar con el público y dar forma a las narrativas. Este cambio desafía los canales de comunicación tradicionales y puede tener consecuencias de gran alcance.

3. **Responsabilidad corporativa:** Los tuits de Musk han puesto de relieve la compleja relación entre los líderes empresariales, sus declaraciones públicas y sus responsabilidades fiduciarias. Sus comentarios han provocado batallas legales y debates sobre los límites de la libertad de expresión de los CEO.

Los tuits de Elon Musk lo han transformado de titán tecnológico a fenómeno cultural. Su capacidad para cautivar audiencias, mover mercados e impulsar conversaciones a través de Twitter muestra la evolución del panorama de la comunicación en la era digital. Sus tuits han dejado una huella indeleble en el mundo de la tecnología, recordando a todos que en la era digital, incluso un tuit puede cambiar el curso de la historia.

91. El fenómeno del *Ice Bucket Challenge*: haciendo olas por la ELA (esclerosis lateral amiotrófica)

El *Ice Bucket Challenge* (Desafío del Cubo de Hielo) es un testimonio del increíble poder de las redes sociales para movilizar a la gente por causas benéficas. Se originó en el verano de 2014 y rápidamente se convirtió en una sensación viral, dejando una marca indeleble en el activismo en línea y las campañas benéficas.

Los orígenes del reto

El *Ice Bucket Challenge* tuvo un comienzo modesto. Lo inició Pete Frates, un antiguo jugador de béisbol del Boston College al que diagnosticaron ELA (esclerosis lateral amiotrófica) en 2012. Frates, junto a su familia y amigos, lanzó el reto en julio de 2014 para concienciar y recaudar fondos para la investigación y el apoyo de la ELA.

El reto era sencillo, pero atractivo. Se retaba a los participantes a verter un cubo de agua helada sobre sus cabezas y luego nominar a otros para que hicieran lo mismo o donaran dinero para la investigación de la ELA. La campaña pretendía simular las sensaciones que experimentan los enfermos de ELA, cuyos músculos se debilitan progresivamente y a menudo quedan paralizados.

El poder de la viralidad

Lo que siguió fue extraordinario. El reto del cubo de hielo se extendió rápidamente por las redes sociales. Famosos, deportistas, políticos y particulares se sumaron a la iniciativa, creando una oleada de participación. La viralidad del reto se vio impulsada por la posibilidad de compartirlo y el uso de etiquetas populares como *#IceBucketChallenge*.

La campaña alcanzó varios hitos clave:

- **Sensibilización:** Millones de personas de todo el mundo se familiarizaron con la ELA, una enfermedad relativamente poco conocida. El *Ice Bucket Challenge* puso de relieve la ELA y educó al público sobre sus devastadores efectos en personas y familias.

- **Donaciones:** La Asociación ALS informó de un aumento significativo de las donaciones, recaudando más de 115 millones de dólares solo durante el verano de 2014. Estos fondos se destinaron a investigación, atención a pacientes y campañas de concienciación pública.

- **Imitaciones en todo el mundo:** El éxito del *Ice Bucket Challenge* inspiró retos virales similares para diversas causas, demostrando el potencial de las redes sociales para impulsar el apoyo a iniciativas benéficas.

Legado y lecciones

El *Ice Bucket Challenge* dejó un legado duradero en el activismo en línea y las campañas benéficas. Su impacto puede resumirse en algunas lecciones clave:

- **Aprovechar la viralidad:** El reto demostró que una campaña bien diseñada y fácil de compartir aprovecha el poder de las redes sociales para impulsar la participación y el apoyo a una causa.

- **Concienciar:** El *Ice Bucket Challenge* demostró que la sensibilización es a menudo el primer paso para movilizar recursos para una causa. Puso la ELA en el mapa mundial y aumentó el conocimiento sobre la enfermedad.

- **Transparencia y rendición de cuentas:** Las organizaciones benéficas deben ser transparentes sobre el uso de las donaciones. El éxito del *Ice Bucket Challenge* puso de relieve la importancia de garantizar a los donantes que sus contribuciones marcan una diferencia tangible.

El *Ice Bucket Challenge* fue un momento revolucionario en el mundo del activismo en línea. Puso de manifiesto el inmenso potencial de las redes sociales para sensibilizar, recoger fondos e inspirar la participación mundial en causas benéficas. Aunque el reto en sí desapareció, su legado perdura como testimonio del increíble impacto que se puede lograr cuando el mundo digital se une por un bien común.

92. El misterio del creador de Bitcoin: el enigma de Satoshi Nakamoto

En el mundo de las criptomonedas, pocos nombres despiertan tanta intriga y fascinación como el de Satoshi Nakamoto. Nakamoto, una figura enigmática, es el cerebro de Bitcoin, la criptomoneda pionera que ha transformado el panorama de las finanzas digitales. Pero a pesar del inmenso impacto de Bitcoin, la verdadera identidad de Satoshi Nakamoto sigue siendo uno de los misterios de la era de Internet.

El nacimiento de la criptodivisa

La creación de Satoshi Nakamoto, Bitcoin, surgió en 2008 con la publicación de un libro blanco titulado *Bitcoin: A Peer-to-Peer Electronic Cash System* (*Bitcoin: un sistema electrónico igualitario de dinero en efectivo*). Con la ayuda de esta idea innovadora, se estableció una moneda digital descentralizada que funcionaba sin la ayuda de gobiernos o bancos. Nakamoto creó la tecnología *blockchain*, que permitía transacciones seguras y abiertas y puso en problemas a las instituciones financieras establecidas.

La importancia de Bitcoin va más allá del ámbito de las finanzas. Encendió un movimiento global que generó miles de criptomonedas alternativas y sentó las bases para la revolución más amplia del *blockchain*. La tecnología *blockchain* se aplicó a las cadenas de suministros, los sistemas de votación e incluso la verificación de obras de arte y objetos de colección.

La búsqueda de Satoshi

A pesar de las revolucionarias contribuciones de Nakamoto, sus creadores decidieron permanecer en el anonimato durante el desarrollo y la proliferación de Bitcoin. Su desaparición de la escena pública en 2011 no hizo sino aumentar el misterio. La búsqueda para desvelar la verdadera identidad de Satoshi Nakamoto se ha convertido en una búsqueda de leyenda.

Numerosas personas han sido sospechosas de ser Nakamoto, incluidos informáticos, criptógrafos e incluso multimillonarios recluidos. Sin embargo, todas las pistas han conducido a callejones sin salida y la identidad de Nakamoto se mantiene en secreto.

La búsqueda de Satoshi Nakamoto ha dado lugar a controversias, demandas y dilemas éticos. Algunos argumentan que revelar la identidad de Nakamoto podría comprometer su privacidad, mientras que otros creen que es esencial para la transparencia dentro del espacio de las criptodivisas. Es incierto si la verdadera identidad de Nakamoto se desvelará algún día, pero su legado en el mundo de las criptodivisas es innegable y ha dejado una marca indeleble en la era digital.

93. Tendencias virales y fenómenos cibernéticos: Del «*Gangnam Style*» a los memes

La era digital ha sido testigo de una explosión de tendencias virales y fenómenos cibernéticos que han reconfigurado la forma de consumir y crear contenidos. Estas tendencias, a menudo nacidas en Internet, tienen el poder de cautivar al público mundial, desafiar las normas sociales y redefinir las expresiones culturales.

El *Gangnam Style* y los vídeos musicales virales

En 2012, la sensación del pop surcoreano Psy lanzó al mundo el *Gangnam Style*, que se convirtió en una sensación de la noche a la mañana. Con su melodía pegadiza, sus extravagantes movimientos de baile y sus coloridos efectos visuales, el vídeo musical se convirtió rápidamente en el más visto de YouTube del momento. Su impacto no fue solo musical, sino también cultural, ya que introdujo a millones de personas en el K-pop y la cultura coreana.

La cultura de la selfi

La selfi ha conquistado el mundo
https://www.pexels.com/photo/happy-multiethnic-friends-taking-selfie-in-street-6141099/

El auge de los teléfonos inteligentes y las redes sociales trajo consigo la era de la cultura selfi. El simple acto de hacerse una foto a uno mismo se ha convertido en una forma de autoexpresión, documentación e incluso empoderamiento. Sin embargo, también ha planteado cuestiones sobre el narcisismo y la búsqueda de la perfección.

Desafíos a la realidad

Los juegos de realidad aumentada como *Pokémon Go* difuminaron las fronteras entre el mundo físico y el digital. Los jugadores se aventuraron en el mundo real para capturar criaturas virtuales, fomentando un sentimiento de exploración y comunidad. Este fenómeno puso de relieve el potencial de la tecnología para mejorar las experiencias físicas y animó a la gente a relacionarse con su entorno de nuevas maneras. Sin embargo, también suscitó preocupación por la privacidad y el comportamiento distraído.

El auge de los memes

Los memes de Internet se han convertido en una forma de folclore digital que influye en el humor, la comunicación y las referencias culturales. Desde «Novio distraído» a «Mujer gritando a un gato», los memes tienen una capacidad única para destilar ideas complejas en imágenes o vídeos fácilmente compartibles y relacionables. Los memes se han convertido en una forma de cultura participativa que permite crear y compartir colectivamente el humor en el ámbito digital.

Redes sociales y cultura *influencer*: de Facebook a las Kardashians

La llegada de las redes sociales ha transformado radicalmente la forma en que la gente se conecta, se comunica y consume contenidos. Ha dado lugar a una era en la que personas corrientes pueden convertirse en figuras influyentes y en la que las controversias, los problemas de privacidad y la cultura de la cancelación ocupan un lugar preponderante. A continuación, se profundiza en la evolución de las redes sociales y el auge de la cultura *influencer*.

94. El nacimiento de Facebook

Facebook nació en 2004

Facebook fue creada en 2004 por Mark Zuckerberg y sus compañeros de universidad en un dormitorio de Harvard. Lo que comenzó como una plataforma para que los estudiantes universitarios se conectaran, evolucionó rápidamente hasta convertirse en una red social global. El meteórico ascenso de Facebook trajo consigo cuestiones relacionadas con la privacidad, la seguridad de los datos y su impacto en la sociedad. Las polémicas en torno a las filtraciones de datos y la desinformación la han convertido en un foco del escrutinio. A pesar de los desafíos, Facebook sigue siendo un actor importante en el panorama de las redes sociales, conectando a miles de millones de personas en todo el mundo.

95. Las Kardashian y el imperio de los *influencers*

La familia Kardashian, impulsada al estrellato por su reality show *Keeping Up with the Kardashians*, se transformó en una fuerza cultural importante. Kim Kardashian y sus hermanas convirtieron su fama en un imperio de cosméticos, moda y publicidad. Su dominio de las redes sociales, con millones de seguidores cada una, difuminó los límites entre celebridad e *influencer*. El fenómeno Kardashian ejemplifica el poder de las redes sociales para elevar a personas al reconocimiento mundial y el éxito comercial que puede seguir.

96. La cultura de la cancelación

La cultura de la cancelación, un fenómeno que cobró importancia en la era digital, se trata de la vergüenza o el boicot rápido y público a personas, a menudo famosas o figuras públicas, por acciones o declaraciones que se perciben como ofensivas. Aunque la cultura de la cancelación sirve para responsabilizar a las personas por sus malas conductas, también suscita preocupación por su intervención en la libertad de expresión y por el potencial de las masas en línea para imponer algo a través del miedo y la intimidación. Los matices de la cultura de la cancelación, incluido su impacto en el crecimiento personal y la redención, siguen siendo objeto de debate.

El auge de la inteligencia artificial: transformar vidas y desafiar la ética

La inteligencia artificial (IA) dejó de ser ciencia ficción y se está convirtiendo en una parte fundamental de la vida cotidiana. Está revolucionando las industrias, mejorando la comodidad y planteando importantes cuestiones éticas. Es hora de explorar el impacto multifacético de la IA, desde su integración en las rutinas diarias hasta los dilemas éticos que presenta y la búsqueda de la inteligencia artificial general (IAG).

97. La IA en la vida cotidiana

La IA se ha integrado sin problemas en la vida cotidiana, a menudo sin que nos demos cuenta. Los hogares se han vuelto más receptivos y están más conectados con la ayuda de asistentes de voz como Alexa y Siri, que ofrecen información en tiempo real y control sobre aparatos inteligentes. Los algoritmos de recomendación de plataformas como Netflix y Spotify personalizan las opciones de entretenimiento, mejorando sus experiencias de visualización y escucha. Los *chatbots* basados en IA ayudan en la atención al cliente y la tecnología de reconocimiento facial acelera el desbloqueo de teléfonos inteligentes e incluso el control de pasaportes en los aeropuertos.

Dilemas éticos de la IA

A medida que la IA se vuelve más omnipresente, las preocupaciones éticas pasan a primer plano. Un problema acuciante es el sesgo algorítmico, en el que los sistemas de IA discriminan debido a la introducción de datos sesgados. Por ejemplo, un algoritmo sesgado puede reforzar información errónea en un proceso de redacción. Por otra parte, la posibilidad de que la IA automatice ciertas tareas y reemplace puestos de trabajo plantea preguntas sobre el desempleo y el valor de la mano de obra. Equilibrar los beneficios de la IA con estas preocupaciones éticas es un desafío continuo.

98. La búsqueda de la inteligencia artificial

Aunque los sistemas de IA actuales destacan en tareas específicas, alcanzar la inteligencia artificial general (IAG) sigue siendo un objetivo importante. La IAG se refiere a los sistemas de IA que poseen una inteligencia general similar a la humana, es decir, la capacidad de comprender, aprender y adaptarse a diversos ámbitos. Los investigadores persiguen activamente la IAG, imaginando un futuro en el que la IA pueda pensar, razonar y resolver problemas como los humanos.

El camino hacia la inteligencia artificial implica el desarrollo de modelos de aprendizaje profundo, aprendizaje por refuerzo y redes neuronales. Empresas como OpenAI y DeepMind están a la vanguardia de esta búsqueda, ampliando los límites de la investigación en IA. Aunque la inteligencia artificial promete avances notables, también plantea problemas éticos sobre las posibles implicaciones de crear máquinas con una inteligencia similar a la humana.

Tendencias virales y fenómenos cibernéticos: TikTok, memes y el metaverso

En la era digital, las tendencias virales y los fenómenos cibernéticos dan forma a las experiencias en línea y reflejan la rápida evolución del panorama de Internet. Desde el auge de TikTok a los memes y el concepto de metaverso, sumérjase en estas intrigantes facetas del mundo digital.

99. TikTok y la revolución de los videos cortos

TikTok marcó el comienzo de la revolución de los vídeos cortos. Esta plataforma, conocida por su interfaz fácil de usar y sus herramientas creativas, permite a los usuarios convertirse en creadores de contenidos y animadores. La magia algorítmica de TikTok garantiza que incluso los recién llegados puedan ser virales de la noche a la mañana, generando retos de baile, tendencias de sincronización labial y videos cómicos que resuenan entre el público mundial. La influencia de la plataforma va más allá de la pantalla e influye en la moda, la música e incluso la política. TikTok se ha convertido en una fuerza cultural, demostrando que un video corto puede tener un impacto duradero.

100. Memes y movimientos en línea

La subida de las acciones de GameStop a principios de 2021 fue un momento decisivo en el mundo de las finanzas. El foro WallStreetBets de Reddit, poblado por operadores aficionados, coordinó un frenesí de compras de acciones de una empresa que disparó el precio, desafiando las prácticas tradicionales de Wall Street. La saga de GameStop puso de relieve el poder de las comunidades de Internet para movilizarse y perturbar los sistemas establecidos. También suscitó debates sobre el potencial de los movimientos coordinados en línea para remodelar los mercados.

101. El metaverso y la realidad virtual

El concepto de metaverso ha cobrado fuerza y promete una nueva dimensión de la vida en línea. Prevé un universo virtual en el que los individuos pueden interactuar, trabajar, jugar y crear, difuminando las fronteras entre el mundo digital y el físico. Empresas como Meta (antes Facebook) están invirtiendo mucho en tecnologías de realidad virtual para construir el metaverso. Los mundos virtuales ya no se limitan a los juegos. Abarcan las interacciones sociales, la educación y el comercio. A medida que el metaverso evoluciona, incita a reimaginar las posibilidades de la existencia digital.

La era digital es un viaje continuo. Sin duda surgirán nuevas rarezas, retos y oportunidades. El ritmo de los avances tecnológicos no muestra signos de desaceleración y nuestra relación con el reino digital seguirá avanzando.

Preguntas para reflexionar

1. ¿Cómo lograr un equilibrio entre la conveniencia de la IA y las preocupaciones éticas que genera, como la privacidad y la parcialidad?

2. ¿Cómo las comunidades en línea pueden utilizar su poder colectivo para lograr un cambio positivo más allá del ámbito de los memes y los retos virales?

3. Al aventurarse en los mundos virtuales y el metaverso, ¿qué normas y directrices éticas deberían existir para proteger los derechos y la privacidad de los usuarios?

4. ¿Qué responsabilidades tienen las empresas tecnológicas a la hora de abordar cuestiones como la desinformación, el acoso en línea y las consecuencias imprevistas de sus plataformas?

5. ¿Cómo podría adaptarse la sociedad a la naturaleza cambiante del trabajo en una era en la que la automatización y la inteligencia artificial están transformando las industrias?

Estas preguntas invitan a contemplar las implicaciones de los dilemas digitales y a participar en debates reflexivos sobre cómo navegar por una era tecnológica en constante evolución.

Conclusión

La historia es un tapiz tejido con innumerables hilos y los hechos explorados en *101 momentos extraños de la historia de la humanidad* son solo un atisbo del vasto y peculiar paisaje del pasado. A medida que profundice en estas rarezas históricas, notará intrigantes conexiones e hilos que enlazan acontecimientos aparentemente aislados, revelando un significado histórico global.

Por ejemplo, considere los extraños relatos del Antiguo Egipto y las peculiares prácticas del Imperio romano. Aunque estas dos civilizaciones existieron en épocas y lugares diferentes, comparten un rasgo común: la fascinación por el más allá. En Egipto, la construcción de elaboradas tumbas, momias y complejos rituales funerarios reflejaban la creencia en el viaje eterno del alma. Del mismo modo, los romanos, con sus elaboradas prácticas funerarias y de honrar a los difuntos, estaban profundamente influidos por sus puntos de vista sobre el más allá. Al examinar estos momentos aparentemente inconexos, se descubre una búsqueda humana compartida para comprender lo que hay más allá de nuestra existencia mortal.

En este viaje a través de la historia, también sucede que ciertos temas reaparecen, como la innovación y la tecnología. Desde las maravillas a vapor de la Inglaterra victoriana hasta los extraños momentos de la era digital, hay un hilo conductor del ingenio humano que se extiende a lo largo de los siglos. Es un testimonio del inagotable deseo humano de mejorar e innovar, ya sea mediante máquinas de vapor o tecnología de punta.

Además, algunos de los momentos extraños de la historia revelan lecciones inesperadas. Por ejemplo, las proezas de la Edad de Piedra. Aunque puedan parecer extraños, estos primeros experimentos y técnicas de supervivencia sentaron las bases para el desarrollo de habilidades cruciales que marcaron el curso de la evolución humana. Estas acciones aparentemente extrañas eran, de hecho, parte del camino hacia el progreso.

En los peculiares rituales de la Edad de Piedra y en las maravillas tecnológicas del siglo XXI se encuentra la curiosidad, creatividad y adaptabilidad que recorre la historia de la humanidad. Estos momentos recuerdan que, independientemente de la época, los seres humanos siempre se han esforzado por dar sentido al mundo que les rodea. Está en la naturaleza humana traspasar los límites de lo posible y conectar a través de experiencias compartidas (independientemente de lo extrañas que puedan parecer).

En este sentido, *101 momentos extraños de la historia de la humanidad* no es solo una colección de historias, sino un reflejo de la humanidad compartida, un testimonio del perdurable espíritu de exploración que nos define como especie. Este libro es una invitación a embarcarse en exploraciones históricas, a descubrir historias ocultas y rarezas que aún no se han explorado a fondo.

Los momentos extraños no son incidentes aislados, sino piezas interconectadas del intrincado rompecabezas del pasado común. Ofrecen una visión de los aspectos extraños, extraordinarios y profundamente humanos de la historia. Y aunque haya explorado 101 de estos momentos, sepa que hay otros incontables. Al fin y al cabo, la historia es un viaje de descubrimiento sin fin.

Mira otro libro de la serie

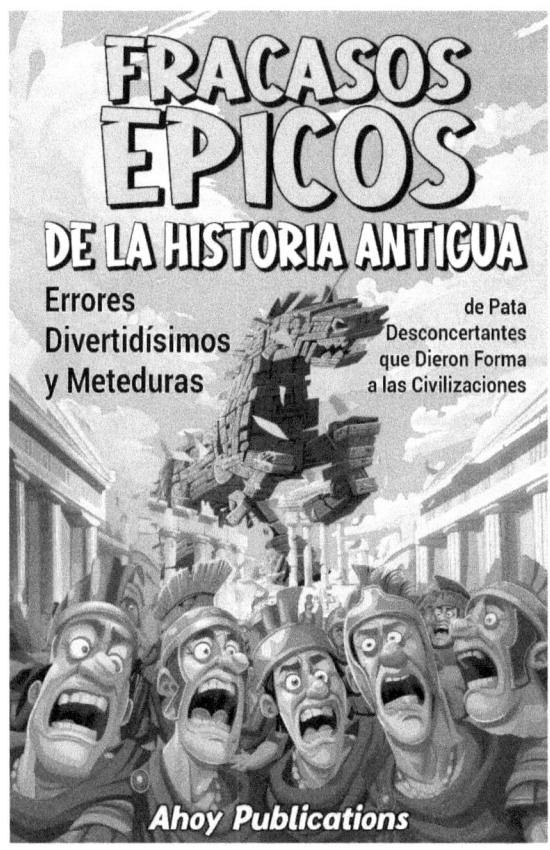

Referencias

Tres hechos espeluznantes de la vida renacentista. (2015, 29 de abril). Inland 360. https://www.inland360.com/lewiston-moscow/3-horrifying-facts-of-renaissance-life/Content?oid=11374054

Breve historia de la Web. (s.f.). CERN. https://home.cern/science/computing/birth-web/short-history-web

Abeza, D. (2022, 30 de enero). 21 datos interesantes que debe conocer de la vida de Miguel Ángel. ATX Fine Arts. https://www.atxfinearts.com/blogs/news/michelangelo-facts

Adair, M. (2020, 19 de junio). Huesos en las iglesias, ¿de qué va eso? Michael el Canadiense. https://www.michaelthecanadian.com/blog/bones-in-churches-whats-that-about

África, H. (2019, 31 de mayo). El antiguo mito egipcio donde el dios Atum creó el universo masturbándose hasta eyacular. Hadithi Africa | Una plataforma para la narrativa africana; Hadithi Africa. https://hadithi.africa/the-ancient-egyptian-myth-where-the-god-atum-created-the-universe-by-masturbating-to-ejaculation/

Akenatón, Nefertiti y Atón: de muchos dioses a uno solo. (2019, 9 de febrero). ARCE. https://arce.org/resource/akhenaten-nefertiti-aten-many-gods-one/

Altmeyer, S. (s.f.). Revolución científica. Colby.Edu. https://web.colby.edu/st112a-fall18/2018/09/21/3761/#more-3761

Andrews, E. (2014, 4 de marzo). Diez datos que quizá no sepa sobre los gladiadores romanos. HISTORY. https://www.history.com/news/10-things-you-may-not-know-about-roman-gladiators

Andrews, E. (2015, 6 de marzo). Nueve cosas que quizá no sepa sobre Miguel Ángel. HISTORY. https://www.history.com/news/9-things-you-may-not-know-about-michelangelo

Arani, M. G., Fakharian, E., & Sarbandi, F. (2011). Antiguo legado de la cirugía craneal. Archives of Trauma Research, 1(2), 72-74. https://doi.org/10.5812/atr.6556

Arts, G. (s.f.). Cinco datos sorprendentes sobre Leonardo Da Vinci. Google Arts & Culture. https://artsandculture.google.com/story/5-surprising-facts-about-leonardo-da-vinci/WwUB-Ph6UEWmuA?hl=en

Autómatas en el Renacimiento - el Museo de Arte y Diseño Mecánico. (2016, 30 de junio). The Mechanical Art & Design Museum. https://themadmuseum.co.uk/history-of-automata/automata-through-the-renaissance/

Bahudodda, S. (s.f.). La revolución no tan científica. Colby.Edu. https://web.colby.edu/st112a-fall18/2018/09/19/scientific-revolution-3/#more-3742

BBC News. (2014, 14 de febrero). Diez extrañas historias de amor victorianas. BBC. https://www.bbc.com/news/magazine-26136764

Bio, M. (s.f.). Hieronymus Bosch. Thehistoryofart.org. https://www.thehistoryofart.org/hieronymus-bosch/

Pinturas de Bosch, Bio, Ideas. (s.f.). The Art Story. https://www.theartstory.org/artist/bosch-hieronymus/

Braun, A. (s.f.). El cazador de ratas de su majestad. Lapham's Quarterly. https://www.laphamsquarterly.org/roundtable/her-majestys-rat-catcher

Brigden, J. (sin fecha). El gran hedor: el insoportable verano londinense de 1858. Sky HISTORY TV Channel. https://www.history.co.uk/articles/the-great-stink-londons-unbearable-summer-of-1858

Burton, E. (2020, 9 de mayo). Akenatón: el olvidado pionero del ateísmo y el monoteísmo. TheCollector. https://www.thecollector.com/akhenaten-monotheism/

Carlton, G. (2019, 4 de enero). Los mitos y leyendas más espeluznantes del Antiguo Egipto. Ranker. https://www.ranker.com/list/creepy-myths-of-ancient-egypt/genevieve-carlton

Chandler, G. (2022, 15 de abril). Quince datos victorianos para niños. National Geographic Kids. https://www.natgeokids.com/uk/discover/history/general-history/victorian-facts/

Chao-Fong, L. (s.f.). Leonardo da Vinci: Diez datos que debe conocer. History Hit. https://www.historyhit.com/facts-you-might-not-know-about-leonardo-da-vinci/

Chavers, A. (2017, 21 de junio). 43 datos interesantes (y algunos francamente extraños) sobre los emperadores romanos. Medium. https://medium.com/@achavers23/43-interesting-and-some-downright-weird-facts-about-the-roman-emperors-654ce363fb7b

Chen, A. (2017, 6 de abril). ¿Bisonte o Brian? Desde el punto de vista calórico, el canibalismo no era rentable para los humanos. NPR. https://www.npr.org/sections/thesalt/2017/04/06/522880018/what-s-the-dietary-value-of-a-human

Daley, J. (2017, 11 de abril). Empastes de 13.000 años de antigüedad fueron «perforados» con piedra y rellenados con alquitrán. Smithsonian Magazine. https://www.smithsonianmag.com/smart-news/researchers-find-filling-made-stone-age-dentist-180962845/

Devdiscourse News Desk. (2023, 1 de febrero). El auge de la inteligencia artificial: Navegar el futuro con la IA. Devdiscourse. https://www.devdiscourse.com/article/technology/2338982-the-rise-of-artificial-intelligence-navigating-the-future-with-ai

¿Realmente tocó Nerón mientras ardía Roma? (2012, 20 de noviembre). HISTORY. https://www.history.com/news/did-nero-really-fiddle-while-rome-burned

Dow, K. (2019). Dentro de la probeta: El nacimiento de la FIV en la televisión británica. Medical History, 63(2), 189-208. https://doi.org/10.1017/mdh.2019.6

Duffy, C. (2023, 27 de abril). Cómo Elon Musk revolucionó Twitter y su propia reputación en seis meses como CEO. CNN. https://www.cnn.com/2023/04/27/tech/elon-musk-twitter-six-months/index.html

Frater, J. (2016, 21 de junio). Diez datos fascinantes sobre las vírgenes vestales de Roma. Listverse. https://listverse.com/2016/06/21/10-fascinating-facts-about-romes-vestal-virgins/

Datos curiosos sobre Miguel Ángel. (2023, 15 de febrero). The Art Post Blog | Blog italiano de arte y artistas. https://www.theartpostblog.com/en/fun-facts-about-michelangelo/

Jorge IV. (2018, 18 de octubre). Historic UK. https://www.historic-uk.com/HistoryUK/HistoryofBritain/George-IV/

Goodman, L. M. (s.f.). ¿Quién es el misterioso creador de Bitcoin, Satoshi Nakamoto? Cointelegraph. https://cointelegraph.com/learn/who-is-satoshi-nakamoto-the-creator-of-bitcoin

Gualano, M. R., Bert, F., Gili, R., Andriolo, V., Scaioli, G., & Siliquini, R. (2015). El «*Ice Bucket Challenge*»: el maravilloso impacto de las redes sociales para promover intervenciones de salud pública. Igiene e Sanita Pubblica, 71(4). https://pubmed.ncbi.nlm.nih.gov/26519744/

Hamilton, J. (2021, 20 de octubre). El ojo de Ra: el significado y el simbolismo de este ícono del Antiguo Egipto. MythBank. https://mythbank.com/eye-of-ra/

Handwerk, B. (2020, 2 de abril). En un hallazgo sin precedentes, tres tipos de humanos primitivos convivían en Sudáfrica. Smithsonian Magazine. https://www.smithsonianmag.com/science-nature/homo-erectus-australopithecus-saranthropus-south-africa-180974571/

Hapsara, I. V. W. (1596197154000). Contenidos virales, ciberacoso y el fenómeno de las multitudes. Linkedin.com. https://www.linkedin.com/pulse/viral-contents-cyberbullying-crowds-phenomenon-ignatius-vito

Harmes, M. (2022, 7 de junio). ¿Por qué la gente comía momias egipcias? Las extrañas y salvajes formas en que la fiebre de las momias arrasó Europa. The Conversation. http://theconversation.com/why-did-people-start-eating-egyptian-mummies-the-weird-and-wild-ways-mummy-fever-swept-through-europe-177551

He, A. (2022, 27 de julio). Remedios polarizantes, curas atractivas: Magnetismo animal, mesmerismo y tratamiento mente-materia. Biblioteca Médica Becker. https://becker.wustl.edu/news/polarizing-remedies-attractive-cures-animal-magnetism-mesmerism-and-mind-over-matter-treatments/

Historia del patrimonio. (s.f.). Heritage-history.com. https://www.heritage-history.com/index.php?c=read&author=macgregor&book=rome&story=geese

Historia de la Web - Fundación World Wide Web. (2009, 18 de octubre). World Wide Web Foundation - Founded by Tim Berners-Lee, Inventor de la Web, the World Wide Web Foundation Empowers People to Bring about Positive Change; World Wide Web Foundation. https://webfoundation.org/about/vision/history-of-the-web/

Hoffenberg, R. (2001). Christiaan Barnard: Sus primeros trasplantes y su impacto en el concepto de la muerte. BMJ: British Medical Journal, 323(7327), 1478-1480. https://doi.org/10.1136/bmj.323.7327.1478

Hughes, D. (2018, 25 de junio). El fenómeno del *Ice Cube Challenge* de la ELA. Digital Marketing Institute. https://digitalmarketinginstitute.com/blog/viral-marketing-the-als-ice-bucket-challenge

Fecundación in vitro (FIV). (2023, 1 de septiembre). Mayoclinic.org. https://www.mayoclinic.org/tests-procedures/in-vitro-fertilization/about/pac-20384716

Johnson, S. (2017, 19 de julio). El rey Jorge IV y la señora Fitzherbert. Downside Abbey. https://www.downsideabbey.co.uk/george-iv-mrs-fitzherbert/

Kashgar. (s.f.). Los grafitis de Pompeya y Herculano. Kashgar. https://kashgar.com.au/blogs/history/the-bawdy-graffiti-of-pompeii-and-herculaneu

Katdevitt, P. (2020, 31 de agosto). Morada del Amor: Hogar de un descabellado culto sexual victoriano. Kat Devitt. https://katdevitt.com/2020/08/31/abode-of-love-home-to-a-wacky-victorian-sex-cult/

Kelly, D. B. (2017, 14 de septiembre). Cosas desastrosas que ocurrieron de verdad en la Edad Media. Grunge. https://www.grunge.com/86007/messed-things-actually-happened-middle-ages/

Kelly, D. B. (2018, 10 de agosto). Cosas locas que ocurrieron en la época victoriana. Grunge. https://www.grunge.com/130940/victorian-era-messed-up-history/

Klein, C. (2022, 12 de agosto). Ocho datos fascinantes sobre la antigua medicina romana. HISTORY. https://www.history.com/news/ancient-roman-medicine-galen

LaFrance, A. (2016, 29 de marzo). Los grafitis de Pompeya. Atlantic Monthly (Boston, Mass.: 1993). https://www.theatlantic.com/technology/archive/2016/03/adrienne-was-here/475719/

Leakey, L. (2018, 12 de enero). La Edad de Piedra. HISTORY. https://www.history.com/topics/pre-history/stone-age

Leatherdale, D. (2019, 9 de febrero). Juicio por ordalía: Cuando el fuego y el agua determinan la culpabilidad. BBC. https://www.bbc.com/news/uk-45799443

Lesso, R. (2022, 1 de marzo). ¿Por qué empezó el Renacimiento en Italia? TheCollector. https://www.thecollector.com/why-did-the-renaissance-start-in-italy/

Lillywhite, M. (2023, 5 de febrero). Cinco cosas extrañas que era comunes en la Antigua Roma. Lessons from History. https://medium.com/lessons-from-history/5-weird-things-that-were-normal-in-ancient-rome-18267a70442f

Long, T. (2008, 4 de enero). 4 de enero de 1903: Edison electrocuta un elefante para probar que tiene razón. Wired. https://www.wired.com/2008/01/dayintech-0104/

Mann, E. (2016, 4 de abril). Historias de ciudades #14: El gran hedor de Londres anuncia una maravilla del mundo industrial. The Guardian. https://www.theguardian.com/cities/2016/apr/04/story-cities-14-london-great-stink-river-thames-joseph-bazalgette-sewage-system

Margaritoff, M. (2023, 22 de abril). La reina Nefertiti era una poderosa soberana del Antiguo Egipto, hasta que desapareció misteriosamente. Todo lo que es interesante. https://allthatsinteresting.com/nefertiti

Mark, J. J. (2014). Nefertiti. Enciclopedia de Historia Mundial. https://www.worldhistory.org/Nefertiti/

Mark, J. J. (2018). Imperio romano. Enciclopedia de Historia Mundial. https://www.worldhistory.org/Roman_Empire/

Metta, S., Madhavan, N., & Krishnamoorthy Narayanan, K. (2022). El poder de 280: Medición del impacto de los tuits de Elon Musk en la Bolsa. Ushus Journal of Business Management, 21(1), 17-43. https://doi.org/10.12725/ujbm.58.2

Meyer, I. (2021, 31 de agosto). Datos de Miguel Ángel - Doce cosas que debe saber sobre Miguel Ángel. Artincontext.org; artincontext. https://artincontext.org/michelangelo-facts/

Mitchell, R. (2022, 27 de noviembre). Diez datos sorprendentes sobre los antiguos romanos. Ancient Origins. https://www.ancient-origins.net/history-ancient-traditions/shocking-roman-facts-0017584

Mitchell, R. (2022, 13 de septiembre). Divorcio medieval por combate: Garantía de 'hasta que la muerte nos separe'. Ancient Origins Reconstructing the Story of Humanity's Past; Ancient Origins. https://www.ancient-origins.net/history-ancient-traditions/divorce-combat-0017263

Expresiones moleculares: Ciencia, óptica y usted - Línea de tiempo - Zacharias Janssen. (s.f.). Fsu.Edu. https://micro.magnet.fsu.edu/optics/timeline/people/janssen.html

Mussio, G. (2015, 8 de julio). Ocho datos interesantes sobre Miguel Ángel que lo sorprenderán. Walksofitaly.com. https://www.walksofitaly.com/blog/art-culture/interesting-facts-about-michelangelo

Nix, E. (2016, 21 de junio). ¿Hizo Calígula cónsul a su caballo? HISTORIA. https://www.history.com/news/did-caligula-really-make-his-horse-a-consul

O'Carroll, S. (2013, 16 de febrero). La historia del experimento del perro de dos cabezas. The Journal.Ie. https://www.thejournal.ie/two-headed-dogs-794157-Feb2013/

Osiris. (s.f.). Cliffsnotes.com. https://www.cliffsnotes.com/literature/m/mythology/summary-and-analysis-egyptian-mythology/osiris

Parshina-Kottas, Y., Singhvi, A., Burch, A. D. S., Griggs, T., Gröndahl, M., Huang, L., Wallace, T., White, J., & Williams, J. (2021, 24 de mayo). Lo que la masacre racial de Tulsa de 1921 destruyó. The New York Times. https://www.nytimes.com/interactive/2021/05/24/us/tulsa-race-massacre.html

Pepi II y el enano. (2014, 17 de junio). Descubriendo el Antiguo Egipto. https://discoveringegypt.com/ancient-egyptian-kings-queens/pepi-ii-and-the-dwarf/

El miedo a los rojos. (2010, 1 de junio). HISTORIA. https://www.history.com/topics/cold-war/red-scare

Reilly, L. (2019, 13 de enero). Cuando la reina Victoria empleó a un cazador de ratas oficial. Mental Floss. https://www.mentalfloss.com/article/91629/queen-victoria-employed-official-rat-catcher

Romano, A. (2021, 31 de marzo). La larga historia del pánico satánico (y por qué nunca terminó realmente). Vox. https://www.vox.com/culture/22358153/satanic-panic-ritual-abuse-history-conspiracy-theories-explained

Schiffer, Z., Newton, C., & Heath, A. (2023, 17 de enero). Dentro del Twitter extremadamente pesado de Elon Musk. The Verge. https://www.theverge.com/23551060/elon-musk-twitter-takeover-layoffs-workplace-salute-emoji

Avances científicos de la Ilustración que cambiaron el mundo. (sin fecha). IMNOVATION. https://www.imnovation-hub.com/society/scientific-breakthroughs-enlightenment/

Reflexiones serenas. (s.f.). Blogspot.com. http://serene-musings.blogspot.com/2010/10/boy-king-governor-and-dwarf.html

Simon, M. (2014, 24 de septiembre). Fantásticamente equivocado: la demencial historia europea de juzgar y ejecutar animales. Wired. https://www.wired.com/2014/09/fantastically-wrong-europes-insane-history-putting-animals-trial-executing/

Sonia, P. (s.f.). Diez cosas locas que hicieron los romanos. The Day Creek Howl. https://daycreekhowl.org/3765/arts-entertainment/10-crazy-things-the-ancient-romans-actually-did/

Stańska, Z. (2023a, 15 de abril). Onces cosas que debe saber sobre Leonardo da Vinci. DailyArt Magazine. https://www.dailyartmagazine.com/11-things-you-might-not-know-about-leonardo-da-vinci/

Stańska, Z. (2023b, 13 de agosto). 10 datos que no sabía sobre Miguel Ángel. DailyArt Magazine. https://www.dailyartmagazine.com/facts-didnt-know-michelangelo/

Stewart, J. (2022, 14 de febrero). Catorce datos sobre la increíble vida de Leonardo da Vinci. My Modern Met. https://mymodernmet.com/leonardo-da-vinci-facts/

Disturbios de Stonewall. (2017, 31 de mayo). HISTORIA. https://www.history.com/topics/gay-rights/the-stonewall-riots

La creación. (s.f.). Cliffsnotes.com. https://www.cliffsnotes.com/literature/m/mythology/summary-and-analysis-egyptian-mythology/the-creation

El gran hedor: una solución victoriana al problema de los residuos de Londres. (s.f.). Org.uk. https://historicengland.org.uk/images-books/archive/collections/photographs/the-great-stink/

La vida de Dolly. (s.f.). Ed.ac.uk.

La vida de los gladiadores en Roma. (s.f.). Omnia Roma y Paso del Vaticano. https://romeandvaticanpass.com/en-us/blog/the-life-of-gladiators-in-rome

El misterio del hombre desconocido E - Archaeology Magazine Archive. (s.f.). Archaeology.org. https://archive.archaeology.org/0603/abstracts/mysteryman.html

El auge de la Beatlemanía. (2022, 19 de noviembre). Museo de Cultura Joven. https://museumofyouthculture.com/beatlemania/

Este mes en arqueología: Tres tipos diferentes de humanos primitivos convivían en Sudáfrica. (sin fecha). Museo Australiano. https://australian.museum/blog/amri-news/three-different-early-humans-coexisted-in-south-africa/

TIMESOFINDIA.COM. (2022, 5 de abril). Cinco veces en que Elon Musk Cambió las reglas a través de un tuit. Times Of India. https://timesofindia.indiatimes.com/business/international-business/five-times-elon-musk-changed-the-rules-with-his-tweets/articleshow/90668461.cms

Los principales misterios sin resolver del Antiguo Egipto. (2023, 19 de enero). Egypt Tours Portal. https://www.egypttoursportal.com/blog/ancient-egyptian-civilization/top-unsolved-mysteries-of-ancient-egypt/

Turtle, M. (2017, 15 de mayo). Visitando el osario de Sedlec: ¡la iglesia de los huesos de Kutna Hora! (2023). Time Travel Turtle. https://www.timetravelturtle.com/czech-republic/sedlec-ossuary-kutna-hora/

Vargas, C. (2018, 4 de enero). Dieciséis datos fascinantes sobre la reina Victoria. Town & Country. https://www.townandcountrymag.com/society/tradition/a14510744/queen-victoria-facts/

Protestas por la guerra de Vietnam. (2010, 22 de febrero). HISTORY. https://www.history.com/topics/vietnam-war/vietnam-war-protests

Waxman, O. B. (2019, 4 de enero). Amelia Earhart fue declarada muerta hace ochenta años. Esto es lo que hay que saber sobre lo que le ocurrió. Time. https://time.com/5486999/amelia-earhart-disappearance-theories/

Weber, G. W., Lukeneder, A., Harzhauser, M., Mitteroecker, P., Wurm, L., Hollaus, L.-M., Kainz, S., Haack, F., Antl-Weiser, W., & Kern, A. (2022). La microestructura y el origen de la Venus de Willendorf. Scientific Reports, 12(1), 1-10. https://doi.org/10.1038/s41598-022-06799-z

White, F. (2019, 23 de septiembre). Doce extrañas costumbres medievales. Livescience.Com; Live Science. https://www.livescience.com/12-bizarre-medieval-trends.html

Por qué Thomas Edison y Nikola Tesla se enfrentaron en la llamada batalla de las corrientes. (2021, 13 de mayo). Biografía. https://www.biography.com/inventors/thomas-edison-nikola-tesla-feud

Wilford, J. N. (2009, 24 de junio). Las flautas ofrecen pistas sobre la música de la Edad de Piedra. The New York Times. https://www.nytimes.com/2009/06/25/science/25flute.html

Wong, H. (2019, 20 de septiembre). Los secretos de las víctimas del Vesubio. Pompeii Tours. https://www.pompeiitours.it/blog/the-secrets-of-the-victims-of-mount-vesuvius/

Young, L. J. (2018, 6 de febrero). La verdadera revolución científica detrás de «Frankenstein». Science Friday. https://www.sciencefriday.com/articles/real-scientific-revolution-behind-frankenstein/

Zarevich, E. (2022, 13 de diciembre). La Corte del Amor de Leonor de Aquitania. JSTOR Daily. https://daily.jstor.org/eleanor-of-aquitaines-court-of-love/